切り紙でつくる季節の花図鑑

大原まゆみ

はじめに

百花繚乱のハッピーと 手作りの優しさがお部屋に咲く

四季の花を紙で作って、お部屋に咲かせる、気持ちといっしょに贈るための作品集です。
花は自然の中でたくましく生育して、美しい花を咲かせる原種。
それを元に、色や形、育てやすさや開花時期まで、人の手によって開発された園芸品種があります。
それは数えきれないほどで、例えば、一言で「バラ」「ユリ」「サクラ」といっても、
色や形、さらには花びらの数や実を結ぶかどうかなど、さまざまです。
本書では、園芸において人気が高い、季節を強く感じさせる、切り紙で表現しやすい、ということを考慮して花を選んでいます。
実際の花が持つ、複雑で繊細な色合い、緻密さや大らかさで魅了する造形美に学び、
切り紙のデザインに置きかえて、シンプルで印象の強い作品に仕上げました。
あなたが作るときには、色や大きさ、数やいくつかの花を寄せて飾るなど、アイデアをいかしたアレンジも試みてください。
手作りで季節を鮮やかに彩る花が、一年中咲きます。
百花繚乱のハッピーと、手作りの優しさは、飾っても、贈っても、あなたの心を伝えることでしょう。
たくさんの花を咲かせてください。

大原まゆみ

目次

百花繚乱のハッピーと、
手作りの優しさがお部屋に咲く ……… 2

切り紙のキホン

紙について／ハサミとカッターの使い方 ……… 10
紙を折ることについて ……… 11
折り筋の付け方／接着剤について／
ポンチで穴をあけましょう ……… 12
下書きと型紙の使い方 ……… 13
紙の折り方 ……… 15
花の組み立て方 ……… 20
きれいに仕上げるコツ／花びらの丸め方 ……… 21
花芯の作り方 ……… 23
立体的な葉っぱの作り方 ……… 26

春の花 ……… 27

春の花01　ラナンキュラス ……… 28
　作り方／29　型紙／114

春の花02　モクレン ……… 30
　作り方／32　型紙／115

春の花03　ガザニア ……… 31
　作り方／32　型紙／114

春の花04　ネモフィラ ……… 33
　作り方／33　型紙／115

春の花05　八重ザクラ ……… 34
　作り方／37　型紙／115

春の花06　チューリップ ……… 35
　作り方／37　型紙／116

春の花07　タンポポ ……… 36
　作り方／37　型紙／116

春の花08　ポピー ……… 40
　作り方／40　型紙／116

春の花09　モッコウバラ ……… 41
　作り方／41　型紙／116

春の花10　スプレーカーネーション ……… 42
　作り方／45　型紙／117

春の花11　キリシマツツジ ……… 43
　作り方／45　型紙／118

春の花12　マーガレット ……… 44
　作り方／45　型紙／117

春の花13　クンシラン ……… 46
　作り方／49　型紙／118

春の花14　アヤメ ……… 47
　作り方／49　型紙／118

春の花15　八重ヤマブキ ……… 48
　作り方／49　型紙／117

素敵な切り紙・花雑貨
お祝い袋 ……… 50

お祝い袋　ボタン ……… 50
　作り方／51　型紙／120

お祝い袋　松竹梅 ……… 52
　作り方／51　型紙／121

お祝い袋　バラ ……… 53
　作り方／51　型紙／122

お祝い袋　チューリップ ……… 53
　作り方／51　型紙／123

お祝い袋　ガーベラ ……… 54
　作り方／51　型紙／124

お祝い袋　アサガオ ……… 54
　作り方／51　型紙／125

夏の花 ……… 55

夏の花01　バラ ……… 56・57
　作り方／58　型紙／126

夏の花02　ミニバラ ……… 56・57
　作り方／59　型紙／127

夏の花03　八重クチナシ ……… 60
　作り方／61　型紙／126

夏の花04　ニチニチソウ ……… 62
　作り方／62　型紙／127

夏の花05　タチアオイ ……… 63
　作り方／63　型紙／127

夏の花06　アジサイ ……… 64
　作り方／64　型紙／128

夏の花07　ノウゼンカズラ ……… 65
　作り方／65　型紙／127

夏の花08　ダリア ……… 66
　作り方／67　型紙／128

夏の花09　テッポウユリ ……… 70
　作り方／73　型紙／129

| 夏の花10　オオキンケイギク･･････････ 71 | 冬の花 ････････････････････････････ 97 |

夏の花10　オオキンケイギク･･････････ 71
作り方／73　型紙／129

夏の花11　ヒマワリ ････････････････････ 72
作り方／73　型紙／128

夏の花12　ハス ･････････････････････････ 74
作り方／75　型紙／129

夏の花13　ハイビスカス ････････････････ 77
作り方／76　型紙／131

夏の花14　ジャスミン ･･･････････････････ 78
作り方／78　型紙／127

夏の花15　ゴテチア ･････････････････････ 79
作り方／79　型紙／130

素敵な切り紙・花雑貨
くす玉 ････････････････････････････････ 80

くす玉　ダリア & ハイビスカス ････････ 80
作り方／81

くす玉　寒ツバキ ･･････････････････････ 82
作り方／83

くす玉　バラ ････････････････････････････ 84
作り方／84

秋の花 ･･････････････････････････････ 85

秋の花01　ニオイザクラ ･････････････････ 86
作り方／87　型紙／132

秋の花02　コスモス ･････････････････････ 88
作り方／91　型紙／130

秋の花03　ポットマム ･･･････････････････ 89
作り方／91　型紙／132

秋の花04　ジニア リネアリス ･･･････････ 90
作り方／91　型紙／132

秋の花05　ルドベキア ･･･････････････････ 92
作り方／92　型紙／132

秋の花06　ナデシコ ･････････････････････ 93
作り方／93　型紙／132

秋の花07　オキザリス グラブラ ･････････ 94
作り方／94　型紙／132

秋の花08　シュウメイギク ･･･････････････ 95
作り方／95　型紙／133

秋の花09　モミジ・イチョウ ････････････ 96
作り方／96　型紙／133

冬の花 ･･････････････････････････････ 97

冬の花01　木立ダリア ･･･････････････････ 98
作り方／99　型紙／136

冬の花02　寒ツバキ ･････････････････････ 100
作り方／101　型紙／136

冬の花03　カトレア ･････････････････････ 102
作り方／105　型紙／134

冬の花04　ポインセチア ･････････････････ 103
作り方／105　型紙／136

冬の花05　八重ウメ・八重モモ ･････････ 104
作り方／105　型紙／137

冬の花06　ハボタン ･････････････････････ 106
作り方／107　型紙／134・135

素敵な切り紙・花雑貨
ミニバッグ ･････････････････････････ 108

ミニバッグ　カーネーション ････････････ 108
作り方／109　型紙／138

ミニバッグ　サクラ ･････････････････････ 108
作り方／109　型紙／139

ミニバッグ　テッポウユリ ･･･････････････ 110
作り方／109　型紙／140

ミニバッグ　キキョウ ･･･････････････････ 111
作り方／109　型紙／141

ミニバッグ　ビオラ ･････････････････････ 111
作り方／109　型紙／142

ミニバッグ　ツバキ ･････････････････････ 112
作り方／109　型紙／143

コピーして使える型紙集 ････････ 113

著者紹介 ･･････････････････････････････ 144

切り紙のキホン

紙をきれいに切る・折るコツ、便利な道具、接着剤について知っておきたいキホンを紹介します。

❋ 紙について

作品は一般的に広く販売されている「折り紙」(150×150mm)で作ることを基本としています。他にも、折り紙と同じサイズで、タントという紙のセットが市販されています。両面同色で、紙の厚み、ハリ、コシが本書の工作に適しています。

柄の付いた紙や、包装紙、紙袋を開いたもの、雑誌や新聞のページを用紙として使ってもいいでしょう。柄がうるさいと、切り紙のデザインがわかりにくくなることがあるので、注意してください。

お祝袋とミニバッグでは、ハガキよりやや薄い色画用紙が用紙の基本です。色画用紙と一言でいっても、表面の加工で凹凸や質感が違います。また、色も柄もさまざま。あなたの好みで、紙選びも楽しんでください。

❋ ハサミとカッターの使い方

ハサミとカッターにはさまざまなデザイン、形があります。自分の手の大きさにぴったり合い、しっかり持てるものを選びましょう。

ハサミの使い方

ポイント1 ハサミは、刃を大きく開き、刃の付け根までしっかり紙を入れ込んで、○で囲んだ部分で切り始めるのが基本です。

ポイント2 切る方向を変えるときは、なるべくハサミは動かさず、紙を回転させて、進む向きを調整しましょう。

ポイント3 紙を回転させて、切る方向を変えました。ここでも刃を開いて、付け根の部分を使って切り始めましょう。

カッターの使い方

軽作業用カッター 人差し指で刃を上から押えて、刃先に力を集めるようにして切ります。マットの上に紙を置き、手前に向かいタテ方向に引いて切りましょう。ヨコ方向に手を動かして切ると、刃先がぶれてきれいに切れません。

細工用カッター ペンと同じように持ち、刃先をなめらかに動かして切ることができます。曲線や細かな方向転換が多い線を切るのに適しています。これも、基本的に、手前に向かいタテ方向に引いて切りましょう。

✽ 紙を折ることについて

谷折りと山折り

作り方の手順解説の中で、たびたび出てくる言葉です。紙の折り方について、違う表示の線と矢印で示しますので、確認して、正確に手順解説を読み取ってください。

谷折り

折り筋が谷状に奥まって折り上がります。図では、短い幅の破線で示します。

山折り

折り筋が前に飛び出してきて、山状に折り上がります。図では、長短の幅を組み合わせた破線で示します。

へらは便利

手でていねいに折った紙の折り筋をへらでおさえてみましょう。きれいな線で折りあがるだけでなく、作品が仕上がったときに、全体の形がしっかり整います。

紙をきれいに折るコツ

1 谷折りをする手順で、紙をきれいに折るコツを紹介します。図は、対角線で紙を半分の面積の三角形に折ることを指示しています。

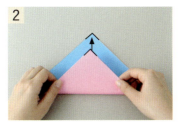

2 角と角を合わせて、ここではまだ紙を折らないで、丸めるだけにしておきます。

3 ○で囲んだ部分を人差し指でおさえて、その指を右にずらして進めます。

4 人差し指を三角形の右角まで進めて、右半分が折れました。

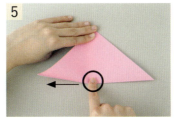

5 再び、真ん中の○で囲んだ部分を人差し指でおさえて、今度はその指を左にずらして進めます。

6 人差し指を三角形の左角まで進めて、左半分が折れました。このようにていねいに折ることで、紙が上下でずれたり、折る位置があいまいになることが防げます。

❁ 折り筋の付け方

紙を折る前に、○で囲んだカッターの刃の背で、あらかじめ線（筋）のクセを付けて折りやすくします。

カッターの刃の背を定規に沿わせて、紙の表面を切るようなつもりで、力を入れすぎずに引きます。

折り筋を使って折ると、余計なしわもなく、きれいな折り目に仕上がります。

竹串や、目打ちや千枚通しといった先のとがったもので折り筋を付けてもいいでしょう。

目打ちで折り筋を付けています。力を入れすぎずに引きます。

❁ 接着剤について

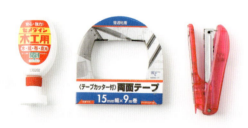

主に木工用ボンドを使って接着します！

紙の接着には木工用ボンドが便利です。接着力が強く、乾きも速い、さらに、乾くと透明になるので、工作に適しています。のりしろのように面でしっかり接着する場合や部品どうしをつなぐ場合は両面テープが、型紙と用紙を固定する場合にはホチキスが接着に適しています。

木工用ボンドを紙片に出しました。ここからつまようじで少量をすくい取り、接着部分に塗ります。

❁ ポンチで丸い穴をあけましょう

ポンチは主に革に穴をあける筒状の道具で、大小の口径があります。手芸店、ホームセンター、100円均一ショップなどで購入できます。

コンクリートやフローリングなどの堅い面の上にマットを置き、紙に対して垂直にポンチをあてて、ハンマーでたたきます。小さな力で、きれいな穴があきます。

❋ 下書きと型紙の使い方

15pから紹介している「紙の折り方」では、紙をたたみ終えると下書きをする面が現れ、それらはすべて用紙の裏面が上になります。下書きは紙の裏に書き、デザインを切って開いた後に、表が上になるように返すことを覚えておいてください。この手順によって、下書きの線を消す必要がなくなり、仕上がりで下書きの線が見えることや、下書き線を消しゴムで消す作業での作品の破損も防げます。

型紙を使うと、下書きをする作業が不要になります。
本書では、すべての作品で、型紙として使える図面を113pから掲載しています。そのままコピーして使うと、150×150mm（作品によっては75×75mm）の紙のサイズにぴったり合って、見本写真と同じ大きさに仕上がります。また、縮小コピーや拡大コピーを使って、好きなサイズの作品づくりを楽しむのもいいでしょう。

型紙をコピーして使う場合

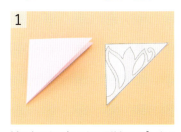
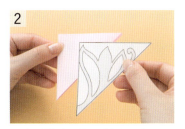

1 紙の大きさに合わせて、型紙のコピーをとります。

2 きっちり形を合わせて、重ねましょう。

3 切り落とす不要な部分をホッチキスでとめると、紙がずれずに切れます。

カーボン紙を使う場合

4 型紙もいっしょに切ります。下書きをせず作品が作れます。

カーボン紙を型紙と用紙の間にはさんで、デザインを書き写します。
カーボン紙＝書類の間にはさみ、複写を行うために用いる感圧紙。
ススやロウ、油などを耐久性のある紙にしみ込ませてある。一般的な外見は黒。

トレーシング・ペーパーを使う下書き

同じ作品をたくさん作るときに便利なトレーシング・ペーパーを使った下書きの方法を紹介します。

1 本の型紙ページの上にトレーシング・ペーパーを重ねて、デザインや用紙の縁をなぞり書きします。

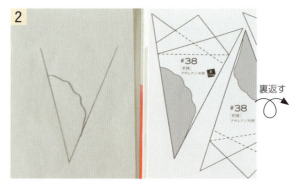

2 型紙をなぞって書き終えました。これを裏返します。

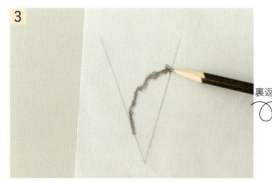

3 2で書いた線に沿って、裏からやわらかい芯の鉛筆（2Bくらい）を倒してなぞり、黒鉛をつけます。できたら、裏返します。

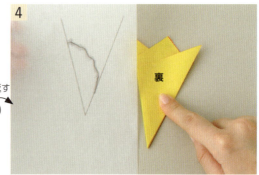

4 折りたたんだ用紙に、トレーシング・ペーパーのデザイン、縁の線を合わせます。

5 切り紙のデザイン線を、鉛筆でなぞります。

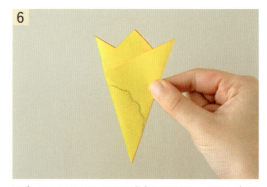

6 コピーを取ることなく、正確にデザインを下書きすることができました。

紙の折り方

切り紙を始める前に、紙を折りたたんで準備をします。その種類は6種類です。すべての折り方で、用紙の裏に下書きができるように折り上がります。いくつか折っているうちに、自然と手順は覚えてしまうはずです。一旦折り方を覚えてしまえば、作品を作る時間をかなり短縮できるでしょう。

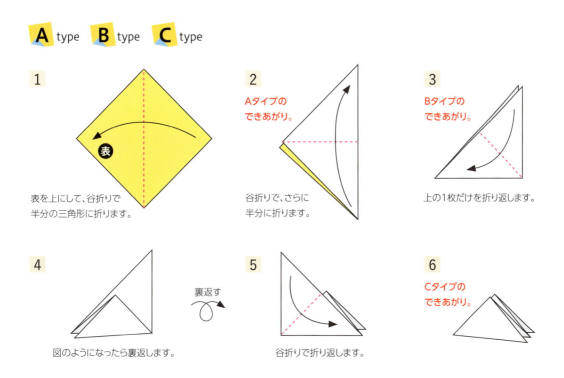

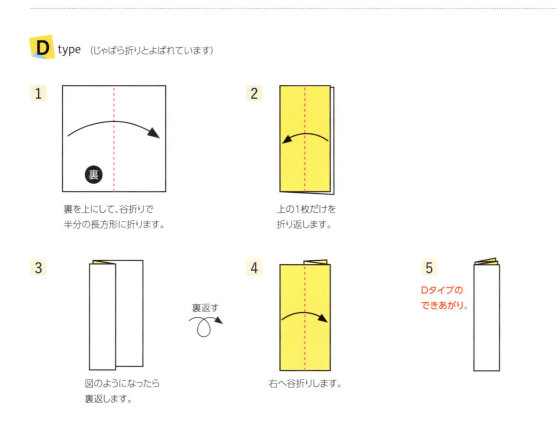

紙 の折り方

E type

1
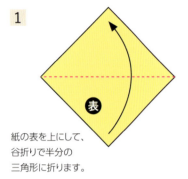
紙の表を上にして、谷折りで半分の三角形に折ります。

2
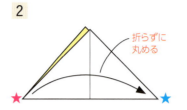
きっちり正確に折るために、印を付けていきます。折り目は付けず、★と★を合わせます。

3
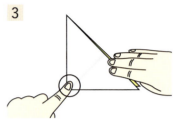
○で囲んだ所だけを指でおさえて、印を付けて開きます。

4

3を写真で見ています。

5
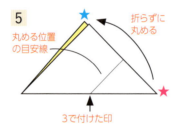
折り目は付けず、★と★を合わせます。

6
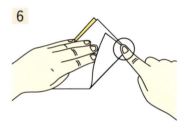
○で囲んだ所だけを指でおさえて、印を付けて開きます。

7

6を写真で見ています。

8
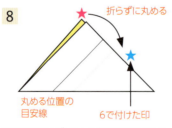
折り目は付けず、★と★（6で付けた印）を合わせます。

9
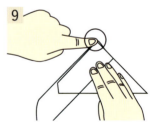
○で囲んだ所だけを指でおさえて、印を付けて開きます。

9を写真で見ています。

折り目は付けず、★(9でつけた印)と★(6で付けた印)を合わせます。

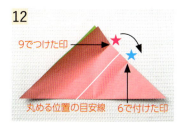

11を写真で見ています。

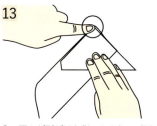

○で囲んだ所だけを指でおさえて、印を付けて開きます。

13を写真で見ています。

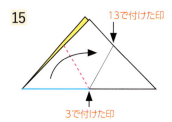

3と13で付けた印を結んだ線（ー）に、ーで示した左側の底辺を合わせて折ります。

図のようになったら、裏返します。

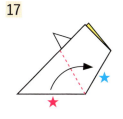

★と★の辺を合わせて折ります。

Eタイプのできあがり。

紙 の折り方

F type

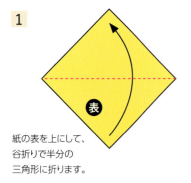

紙の表を上にして、谷折りで半分の三角形に折ります。

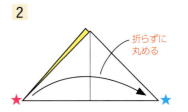

きっちり正確に折るために、印を付けていきます。折り目は付けず、★と★を合わせます。

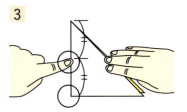

○で囲んだ2カ所だけを指でおさえて、印を付けて開きます。

3を写真で見ています。

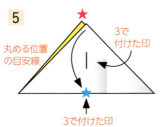

折り目は付けず、★と★を合わせます。

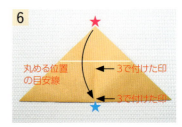

5を写真で見ています。

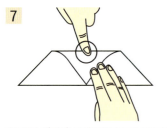

○で囲んだ所だけを指でおさえて、印を付けて開きます。

7を写真で見ています。

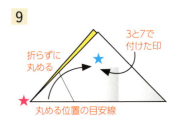

折り目は付けず、3と7で付けた真ん中の十字の印★に、★の角を合わせます。

9を写真で見ています。

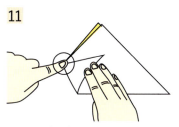

○で囲んだ所だけを指でおさえて、印を付けて開きます。

11を写真で見ています。

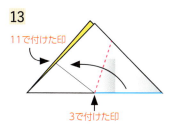

3と11で付けた印を結んだ線（──）に──で示した左側の底辺を合わせて折ります。

★と★の辺を合わせて折ります。

図のようになったら、裏返します。

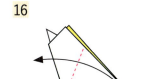

裏の折り目に合わせて、左へ折ります。

★と★の辺を合わせて折ります。

この部分は紙の重なりが少なくなっているので、下書きが入らないようにしましょう。

Fタイプのできあがり。

❁ 花の組み立て方

本書の花は基本的に、切り紙で作った平らな花びらの間を寄せて貼り、立体的に組み立てます。
花芯を立て、花びらを丸めて、全体の形を整える方法も、ここで覚えてください。

1
下書きをした面を裏(下)にして、切り紙を開きました。鉛筆で描いた下書きの線は消しゴムでていねいに消しましょう。

2
それぞれの花びらで向かって右・縁に少量の接着剤を付けます。接着剤は紙用のののりのほか、木工用ボンドが適しています。短時間でしっかりくっつき、乾くと透明になります。

3
花びらの間を寄せて接着します。花びらを重ねる分量で、花の開き具合を調節します。完成見本を参考にして、重なっているようすを、しっかり観察してから貼り合わせてください。

4
すべての花びらを貼り合わせたところ。

5
めしべ、おしべを表現する部品を、花芯とよびます。花のボリュームに適した長さに花芯を切り、その底面にたっぷり接着剤を付けます。

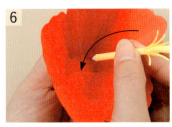

6
花の中心に花芯を立てます。1分ほど、そのまま持って待った後、花芯が垂直になるようにそっと置いて、接着剤を乾かしましょう。

7
接着剤がしっかり乾いた後に、丸い棒(ここではお箸)に花びらを巻き付けて、クセを付けます。ここでは外側に広がる外巻きですが、花によっては内側に入り込む内巻きもあります。

8
最後に全体の形を整えて完成です。6や7は、接着剤が乾いていない状態で作業すると、ゆがんだ形になります、やめておきましょう。

❀ きれいに仕上げるコツ

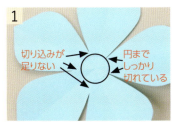
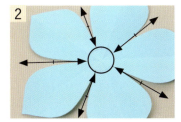

紙を折りたたんで切ると、その厚みによって、花びらの付け根で、切り込み具合のバラつきが生じます。もっとも中心に近いところまで切り込んでいる花びらを基準として、切り込みが足りない部分にハサミを入れましょう。

切り込みの長さが等しくなりました。これで、花がきれいな円形に仕上がるのです。

❀ 花びらの丸め方

外巻き

外向きに花びらを丸める作業です。主に丸い棒を使って、おおらかな曲線の表情を加えます。基本的に外側の花びらから順に作業をします。

内巻き

内向きに花びらを丸める作業です。大きな花びらでは丸い棒を使って、小さな花びらは竹串を使ってクセを付けます。基本的に外側の花びらから順に作業をします。

斜め巻き

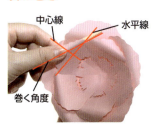
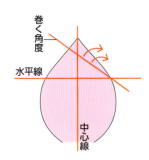

水平線に対して斜めの角度を付けて、花びらを丸める作業です。花びらの右側半分で、右下がりに巻きます。

花芯の作り方

花芯は、太さやおしべ、めしべのようすの違いで、3つのタイプに分かれます。

花芯 A type

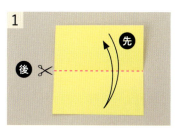

1. 紙を半分に折って、折り筋をつけて開きます。この折り筋で紙を半分に切り分けましょう。

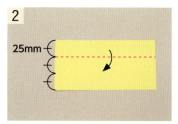

2. 上から25mm（天地の1/3）のところで谷折りします。

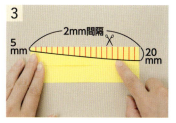

3. 左角は上から5mm、右角は上から20mmの点を結ぶ線を薄く書き込み、それを目安にして2mm間隔の切り込みを入れます。

4. 切り込みを入れたようすです。

5. 丸い棒（ここではお箸）に巻きつけて、円柱にします。

6. 巻いた最後のところで接着します。ここでは両面テープを使いましょう。乾く時間を待たずにしっかりくっつきます。

7. 切り込みを使って、先を広げます。

8. 花のボリュームに適した長さに花芯を切り、底面にたっぷり接着剤を付けます。

9. 花の中心に、花芯を接着します。

花芯の作り方

花芯 B type

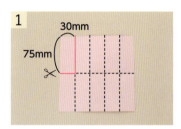

1. 150×150mmの紙から、30×75mmの長方形の紙片を切り取ります。

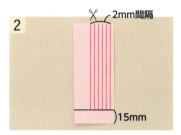

2. 下から15mmのところに目安線を書き込みます。これを使って、右端から2mm間隔で6本の切り込みを入れます。

3. 切り込みを入れました。

4. 接着剤を付けます。そのとき、切り込みを入れて細く分かれた部分と左端には付かないようにします。

5. 竹串を使って紙を巻き、細い円柱にします。

6. きつく巻き、竹串を抜きます。そして、接着剤が乾くのを待ちます。

7. 竹串を使って、切り込み部分に外巻きのクセを付けます。

8. 花のボリュームに適した長さに花芯を切り、底面にたっぷり接着剤を付けます。

9. 花の中心に、花芯を接着します。

花芯 C type

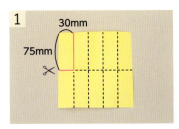

1
150×150mmの紙から、30×75mmの長方形の紙片を切り取ります。

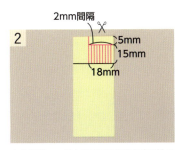

2
上から20mmのところに目安線を書き込みます。写真の寸法をよく見て、切り込み。これを使って、右端から2mm間隔で9本の切り込みを入れます。

3
切り込みを入れました。

4
接着剤を付けます。そのとき、切り込みを入れて細く分かれた部分と左端には付かないようにします。

5
竹串を使って紙を巻き、細い円柱にします。

6
きつく巻き、竹串を抜きます。そして、接着剤が乾くのを待ちます。

7
竹串を使って、切り込み部分に外巻きのクセを付けます。

8
花のボリュームに適した長さに花芯を切り、底面にたっぷり接着剤を付けます。

9
花の中心に、花芯を接着します。

立体的な葉っぱの作り方

立体的な葉っぱには小・中・大のサイズがあります。
花に合う大きさを、本文では案内していますが、
どの大きさの葉っぱを合わせるかは、あなたのお好み次第です。
立体的な葉っぱの型紙は119pにあります。

1 下書きをしたら、輪郭を切る前に、葉脈の部分に折り筋を付けましょう。カッターの刃の背や、竹串、ピックを使い、紙が切れない程度に、定規に沿わせて線をなぞります。

2 葉っぱを切りました。まず、下側半分を折ります。葉っぱの付け根側をまず山折りにして、順に谷折り、山折りを繰り返しましょう。

3 下側半分が折れました。できたら、上側半分も同じように折りましょう。

4 下側を先に折ったことによって、上側は折りやすくなっています。

5 左右からギュッと寄せて、折り筋をしっかり付けます。

6 全体の形を整えて、立体的な葉っぱのできあがりです。

春の花

The flower which blooms in spring

春 01 ラナンキュラス

早春から春の鉢花として出回る球根植物で、紙のように薄い花びらが幾重にも重なった姿が美しい花です。近年、切り花用品種を中心に改良が急激に進んでいて、花の色や形も変化に富み、さらに香りの良いものが登場しています。名前は、ラテン語でカエルを意味する「ラナ」に由来します。ラナンキュラスが自生する湿地は、カエルが多く棲むような場所であることにちなんでいます。

01 ラナンキュラス

花 部品/A・B・C・D・E・Fの6つ　折り方/Cタイプ　型紙/114p
葉っぱ B　折り方/Eタイプ　型紙/115p

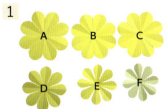

1. 切り紙を終えました。6つの切り紙を中心で貼り合わせて、花に仕上げていきます。

2. CとDの切り紙で、それぞれの花びらで向かって右・縁に少量の接着剤を付けます。花びらをわずかに重ねてくっつけて、お椀の形にします。

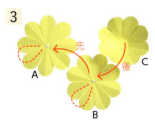

3. A・Bの中心に接着剤を付けました。先にAの上にBの中心を合わせて、接着します。そのとき、Aの花びらと花びらの間に、Bの花びらの中心線がくるようにします。同じ要領で、A・Bの上にCの中心を合わせて、接着します。

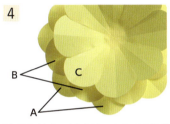

4. 3を終えました。上から見て、A・B・Cの花びらがお互いの間にきて、重なっていないことを確認してください。

5. A・B・Cを貼り合わせた部品で、すべての花びらに丸い棒で内巻きのクセを付けます。

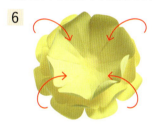

6. 5を終えました。すべての花びらが内側に向かって丸まっています。

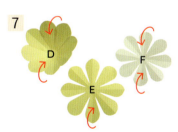

7. 2でお椀の形にしたDとE・Fで、すべての花びらに丸い棒で内巻きのクセを付けます。

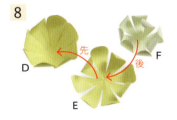

8. 先にDの上にEの中心を合わせて、接着します。そのとき、Dの花びらと花びらの間に、Eの花びらの中心線がくるようにします。同じ要領で、D・Eの上にFの中心を合わせて、接着します。

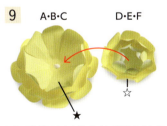

9. A・B・Cを貼り合わせた大きな部品の上にD・E・Fを貼り合わせた部品の中心を合わせて、接着します。そのとき、★(A・B・Cの内)の花びらと花びらの間に、☆(D・E・Fの外)の花びらの中心線がくるようにします。

春 02 モクレン

古い時代に中国から渡来しました。平安時代中期に編纂された『和名類聚抄(わみょうるいじゅしょう)』に、すでにその名が見られます。元は、観賞のためではなく、漢方で「辛夷」(しんい)と呼ばれる蕾を、頭痛や鼻炎の薬として利用するために植えられました。「シモクレン(紫モクレン)」は花びらが6枚、「ハクモクレン」は花びらが9枚、樹の高さや幹の太さも異なりますが、作品では「シモクレン(紫モクレン)」の形を基本に、色違いを作っています。

春 03 ガザニア

春から秋にかけて長期間咲く花で、南アフリカを中心に分布する野生種を元に、ヨーロッパで改良された園芸品種です。日光が好きな花で、日光が当たると花が開き、夕方から夜や曇りの日は閉じる性質を持っています。高温乾燥に強い一方、多湿には弱いので、梅雨どきに腐ってしまうことがしばしばあります。寒さに弱いので、冬は霜の当たらない場所で育てます。霜に当てなければ冬を越すことができ、毎年花を咲かせます。

02 モクレン

| 花 | 部品/外・内の**2**つ　折り方/**E**タイプ　型紙/115p |
| 花芯 | **A** |

1
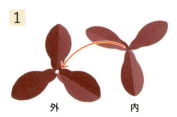

2つの切り紙を中心で貼り合わせて、花に仕上げていきます。外の上に内の中心を合わせて、接着します。そのとき、外の花びらと花びらの間に、内の花びらの中心線がくるようにします。

2

内の花びらの付け根を谷折りで起こします。外は、それぞれの花びらの左右・縁に少量の接着剤を付けます。

3

写真で、花びらの重なり具合と立ち上がりの角度を確認して、内の花びらに、外の花びらをくっつけます。

4

3を終えました。花びらがお椀の形になりました。その中心に、花芯Aを接着します。花芯の底面にたっぷりと接着剤を付けましょう。

5

すべての花びらに丸い棒で内巻きのクセを付けます。

---

03 ガザニア

花	部品/外・内の**2**つ　折り方/**F**タイプ　型紙/114p
花芯	**A**
葉っぱ	**A**　折り方/**C**タイプ　型紙/114p

1
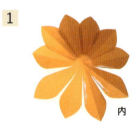

2つの切り紙を中心で貼り合わせて、花に仕上げていきます。内の切り紙で、それぞれの花びらで向かって右・縁に少量の接着剤を付けます。花びらをわずかに重ねてくっつけて、お椀の形にします。

2

外の上に内の中心を合わせて、接着します。そのとき、外の花びらと花びらの間に、内の花びらの中心線がくるようにします。

3

2を終えました。上から見て、内、外の花びらがお互いの間にきて、重なっていないことを確認してください。

4

横から見ています。外の花びらの付け根に少量の接着剤を付けて、折り起こし、内の花びらにくっつけます。

5

すべての花びらに丸い棒で外巻きのクセを付けます。

6
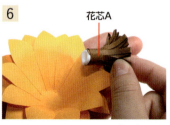

5を終えました。すべての花びらが外側に向かって丸まっています。その中心に、花芯Aを接着します。花芯の底面にたっぷりと接着剤を付けましょう。

春04 ネモフィラ

名前は、ギリシア語のネモス(森)とフィレオ(愛する)の2語からなり、森林の周辺に自生することにちなんでいます。森の妖精のような、澄んだブルーの花が愛らしく、春の花壇やコンテナの寄せ植えなどに多く利用されています。ムラサキ科ネモフィラ属(Nemophila)に分類される植物、または、ルリカラクサ(瑠璃唐草・Nemophila menziesii)の総称です。カナダ西部からアメリカ合衆国西部、メキシコにかけてとアメリカ合衆国東南部に11種が分布するといわれています。

花 部品/1つ 折り方/Fタイプ 型紙/115p
葉っぱ C 折り方/Eタイプ 型紙/115p

■ 75×75mm(折り紙の1/4)の紙で作れます。

1

最初に、花の中心にある5つの三角形の付け根を谷折りして、三角形の窓を作ります。次に、それぞれの花びらで向かって右・縁に少量の接着剤を付けます。花びらをわずかに重ねてくっつけて、お椀の形にします。

2

1を終えました。

3

すべての花びらに丸い棒で外巻きのクセを付けます。

春 05 八重ザクラ

ボタン桜とも呼ばれ、八重咲きになるサクラの総称です。ヤマザクラやソメイヨシノより開花期が1〜2週間ほど遅く、ちょうどソメイヨシノが散るのと同じ時期に咲き始めます。多くみられる品種としてはカンザン（関山）やイチヨウ（一葉）、フゲンゾウ（普賢象）、ヤエベニシダレ（八重紅枝垂れ）などがあります。関東では新宿御苑が、関西では「桜の通り抜け」として知られる大阪の造幣局が、八重ザクラの名所として有名で、多くの人でにぎわいます。

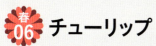 **チューリップ**

地中海沿岸から中央アジアにかけて約150種が分布するユリ科チューリップ属の球根植物です。その中の1種、トゥーリパ・ゲスネリアーナ(Tulipa gesneriana・植物学者コンラート・ゲスナーにちなむ)から改良された園芸品種が広まり、世界中の人に最も親しまれています。

春07 タンポポ

「タンポポ」と一言でいっても、北半球の温帯に約60種が分布して、一部は世界的な雑草として広まっています。それらキク科のタンポポ属(Taraxacum)の植物の総称が「タンポポ」です。変異することも多く見受けられて、地方的に多くの亜種や変種を生じています。英語名のダンディライオン(Dandelion)は、フランス語で「ライオンの歯」を意味するダン=ド=リオン(Dent-de-lion)に由来します。これはギザギザした葉がライオンの牙を連想させることにちなんでいます。

05 八重ザクラ

花 部品/外・内の2つ　折り方/Fタイプ
型紙/115p

75×75mm(折り紙の1/4)の紙で作れます。

1
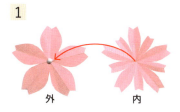
2つの切り紙を中心で貼り合わせて、花に仕上げていきます。外の上に内の中心を合わせて、接着します。そのとき、外の花びらと花びらの間に、内の大きい方の花びらの中心線がくるようにします。

2
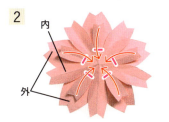
1を終えました。上から見て、内の大きい方の花びらが、外の花びらの間にきて、重なっていないことを確認してください。次に、内の小さい方の花びらの付け根を谷折りで起こします。

3

すべての花びらに丸い棒で内巻きのクセを付けます。

4

内の小さな花びらは竹串で強く巻いてしっかりクセを付けてください。

06 チューリップ

花 部品/1つ
折り方/Bタイプ
型紙/116p

1

縁から12mm内側にある折り筋で谷折りして、4辺を折り起こします。

2

4つの角で、内側に少量の接着剤を付けます。

3

2の4つの角を指でつまんで、しばらくそのままで待ち、しっかりくっつけます。

4

花びらを折り起こして、全体の形を整えます。

07 タンポポ

花 部品/1つ　折り方/Eタイプ
型紙/116p

花芯 A

葉っぱ タンポポの葉っぱ
折り方/Eタイプ　型紙/116p

1
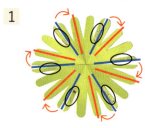
○に少量の接着剤を付けます。青い線が赤い線の下にくるようにして重ね、くっつけます。3で仕上がりを確認すると、作業がわかりやすいでしょう。

2

1を終えると、花の内側で、花びらの半分の面積の部分が浮いています(6か所)。そこを接着剤でくっつけましょう。

3
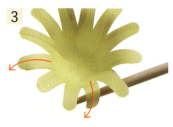
すべての花びらに丸い棒で外巻きのクセを付けます。

4

3を終えました。すべての花びらが外側に向かって丸まっています。その中心に、花芯Aを接着します。花芯の底面にたっぷりと接着剤を付けましょう。

ポピー

春に紙のような花びらをして、鮮やかな色の花を咲かせます。園芸種としては主に、アイスランドポピー、ヒナゲシ、オリエンタル・ポピー（オニゲシ）の3種類があり、各花の大きさ、草丈が異なります。ポピーはケシ科の植物で約150種が世界に分布しています。中にはモルヒネが採れる種もありますが、当然そのような品種は園芸品種ではなく、個人で栽培することが法律的に禁止されていますし、苗や種も入手できません。

花	部品/1つ　折り方/Bタイプ　型紙/116p
花芯	A
葉っぱ	B　折り方/Eタイプ　型紙/115p

1

大きい方の花びらの左右・付け根に少量の接着剤を付けます。小さい方の花びらを折り起こして、外側から大きい方の花びらをくっつけて、お椀の形にします。

2

水平線に対して斜めの角度を付けて、すべての花びらに丸い棒で外巻きのクセを付けます。

3

2を終えました。花びらが巻かれている角度を確認してください。その中心に、花芯Aを接着します。花芯の底面にたっぷりと接着剤を付けましょう。

春09 モッコウバラ

中国原産のバラの原種の1つで、日本には江戸時代に黄色の八重咲き品種が渡来しました。和名は、インド原産の植物から採れる芳香剤の「木香:モッコウ」の香りに似ていることから付けられたといわれています。

| 花 | 部品/ 外・中・内の3つ　折り方/Fタイプ　型紙/116p |
| 葉っぱ | D　折り方/Eタイプ　型紙/117p |

75×75mm(折り紙の1/4)の紙で作れます。

1
3つの切り紙を中心で貼り合わせて、花に仕上げていきます。外、中の中心に接着剤を付けました。先に外の上に中の中心を合わせて、接着します。そのとき、外の花びらと花びらの間に、中の花びらの中心線がくるようにします。

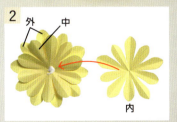

2
1の途中のようすです。上から見て、中の花びらが、外の花びらの間にきて、重なっていないことを確認してください。同じ要領で、外・中の上に内の中心を合わせて、接着しましょう。

3
すべての花びらに丸い棒で内巻きのクセを付けます。花びらが小さいので竹串で作業をしています。

春10 スプレーカーネーション

母の日が大きく関わり、世界的に普及した花です。日本にも江戸時代の初期にはすでに伝わっていたといわれています。多くの園芸品種が生み出されていますが、系統的には次の3種類があります。八重咲きの花を1茎に1輪つけるスタンダードカーネーション。矮性(わいせい／草丈・樹高など一般的な大きさよりも小形なまま成熟する性質)の鉢花用とされるポットカーネーション。そしてここに登場している、枝分かれして花を咲かせるスプレーカーネーションの3つです。

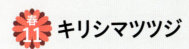
キリシマツツジ

常緑低木で、4月から5月頃に小ぶりの花を咲かせます。庭木や公園木に使われる他に、鉢植や切花でも楽しまれる人気の高い植物です。鹿児島県下の霧島山の山中に自生するツツジの中から江戸時代初期に選ばれた品種が、関東の土壌が生育に適していたこともあって江戸を中心に爆発的に流行しました。九州に自生するヤマツツジ(山躑躅)とミヤマキリシマ(深山霧島)との交配種だともいわれています。

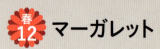 **マーガレット**

草丈が60cm～1mになるキク科の半耐寒性多年草で、本来は宿根草ですが、日本では温暖地でないと越冬できません。年月を経た株は地面近くの茎が樹皮のように茶色くごつごつした感じになります。その姿からモクシュンギク（木春菊）の和名がありますが、あまり使われません。

10 スプレーカーネーション

- 花　部品/外・中・内の**3**つ
  折り方/**F**タイプ
  型紙/**117**p
- 葉っぱ　スプレーカーネーションの葉っぱ
  折り方/**E**タイプ　型紙/**117**p
- 75×75mm（折り紙の1/4）の紙で作れます。

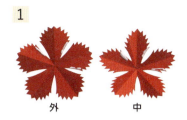

1

3つの切り紙を中心で貼り合わせて、花に仕上げていきます。外と中の切り紙で、それぞれの花びらで向かって右・縁に少量の接着剤を付けます。

2

外と中の切り紙で、花びらをわずかに重ねてくっつけて、お椀の形にします。

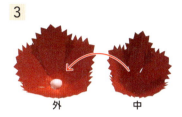

3

外の中心に接着剤を付けました。外の上に中の中心を合わせて、接着します。そのとき、外の花びらと花びらの間に、中の花びらの中心線がくるようにします。4を見て形を確認しましょう。

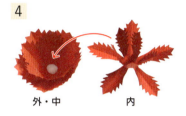

4

左が外・中を貼り合わせた部品です。内の花びらは10枚ありますが、小さい方の花びらの付け根を谷折りして折り上げます。外・中の部品の中心に接着剤を付けました。その上に内の中心を合わせて、接着します。

5

棒で中心を押さえて、密着させてしっかりくっつけます。

11 キリシマツツジ

- 花　部品/**1**つ　折り方/**F**タイプ
  型紙/**118**p
- 花芯　**B**
- 葉っぱ　**E**　折り方/**C**タイプ
  型紙/**119**p
- 75×75mm（折り紙の1/4）の紙で作れます。

1

切り紙を終えました。それぞれの花びらで向かって右・縁に少量の接着剤を付けます。花びらをわずかに重ねてくっつけて、お椀の形にします。

2

花の中心に、花の大きさや深さに合わせて長さを調整した花芯Bを接着します。花芯の底面にたっぷりと接着剤を付けましょう。

12 マーガレット

花　部品/**1**つ　折り方/**B**タイプ　型紙/**117**p

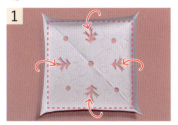

1

縁から12mm内側にある折り筋で谷折りして、4辺を折り起こします。

2

4つの角で、内側に少量の接着剤を付けます。

3

2の4つの角を指でつまんで、しばらくそのままで待ち、しっかりくっつけます。その後、花びらを折り起こして、全体の形を整えます。

春 13 クンシラン

漢字では「君子蘭」と書きます。ランと名前にありますが、南アフリカ・ナタールに分布する、毎年花を咲かせる多年草で、ヒガンバナ科に属します。春に豪華な花が咲くだけでなく、つややかな葉を一年中楽しめます。株の寿命が長く、世代を超えて長年育て続ける楽しみもあります。

 アヤメ

まっすぐ立った葉の先に可憐な花が咲きます。湿地に生育すると思われがちですが、実は低山から高原の明るい草原に見られる植物です。他のアヤメ属の種であるノハナショウブやカキツバタのように湿地に生えることは稀(まれ)ともいえます。前面に垂れ下がった花びらには網目(アミメ)模様があり、和名の元だと考えられています。

春15 八重ヤマブキ

美しい山吹色（明るい黄色）の花が咲き、『万葉集』にも詠まれるなど、古くから観賞されてきました。北海道から九州の低山や丘陵地に普通に生える落葉の低木です。日本原産種なので、極端に乾燥しない日なたから半日陰であれば、栽培は容易で、毎年美しい花を楽しむことができます。雄しべは花びらに変化し、雌しべも退化しているため、実を結ぶことはありません。

13 クンシラン

花	部品/1つ　折り方/Eタイプ　型紙/118p
花芯	B
葉っぱ	I　折り方/Dタイプ　型紙/119p

1

切り紙を終えました。それぞれの花びらで向かって右・縁に少量の接着剤を付けます。花びらをわずかに重ねてくっつけて、お椀の形にします。

2

花の大きさや深さに合わせて、花芯Bを線のところで切って、長さを調整しました。

3

花芯のめしべに竹串で外巻きのクセを付けます。

4

3を終えました。すべてのめしべが外側に向かって丸まっています。花の中心に、花芯Bを接着します。花芯の底面にたっぷりと接着剤を付けましょう。

14 アヤメ

花	部品/外・内の2つ　折り方/Eタイプ　型紙/118p
葉っぱ	H　折り方/Dタイプ　型紙/119p

1

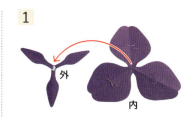

2つの切り紙を中心で貼り合わせて、花に仕上げていきます。外の中心に接着剤を付けました。外の上に内の中心を合わせて、接着します。そのとき、内の大きな花びらと花びらの間に、外の小さな花びらがくるようにします。

2

外の小さな花びらの付け根を谷折りして、折り上げます。

3

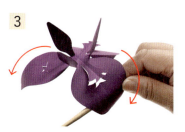

内の大きな3枚の花びらに丸い棒で外巻きのクセを付けます。

4

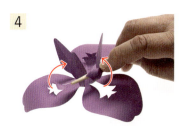

内の大きな3枚の花びらの中にある部分に丸い棒で内巻きのクセを付けます。

15 八重ヤマブキ

花	部品/外・中・内の3つ　折り方/Fタイプ　型紙/117p
葉っぱ	E　折り方/Cタイプ　型紙/119p

75×75mm(折り紙の1/4)の紙で作れます。

1

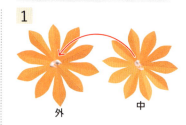

3つの切り紙を中心で貼り合わせて、花に仕上げていきます。外の中心に接着剤を付けました。外の上に中の中心を合わせて、接着します。そのとき、外の花びらと花びらの間に、中の花びらの中心線がくるようにします。

2

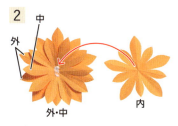

左が1で作った部品です。上から見て、中の花びらが、外の花びらの間にきて、重なっていないことを確認してください。同じ要領で、外・中の上に内の中心を合わせて、接着しましょう。

3

内の花びらは10枚ありますが、小さい方の花びらの付け根を谷折りして折り上げます。

4

すべての花びらに丸い棒で内巻きのクセを付けます。花びらが小さいので竹串で作業をしています。

素敵な切り紙・
花雑貨
お祝い袋

お祝い袋 **ボタン**
型紙/120p

あでやかで巨大な花を咲かせ、中国や日本で古くから愛されている花木です。「パエオニア・スッフルティコサ」と呼ばれる種が一般的に有名なボタンの姿といわれています。しかし、中国に分布するボタン属の落葉低木の野生種を、いろいろな組み合わせで交配させた園芸品種はとても多く、その総称を「ボタン」と解釈するのが、今では主流です。

お祝い袋の作り方

B4(254×364mm)の色画用紙から、230×360mmの長方形を切り取りました。
そこに、図の採寸にしたがって、折り筋を付けてください。
ただし、ガーベラ(54p)だけは折り筋の付け方が少し違います。
型紙(124p)を見れば、花びらには折り筋を付けないことがわかります。
折り筋を付けた後に、360mmの辺を2等分する形で、全体を半分に折れば、
下書きを描いたり型紙を合わせる前の準備は完了です。

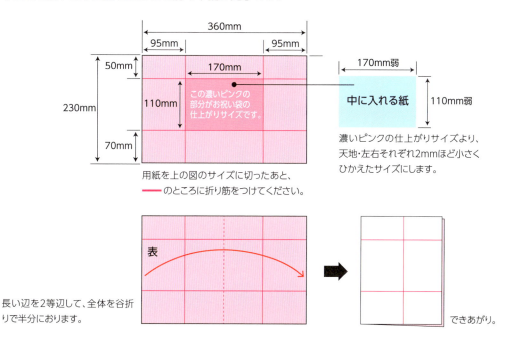

1
上の採寸図の通りに用紙を準備して、全体を半分に折り、切り紙のデザインを切りました。下書きをした裏を上にして、全体を開きます。

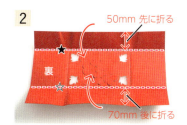

2
裏を上にして、全体を開きました。紙の上下も図に書き込んだ寸法で確認してください。

3
お祝い袋の仕上がりサイズ(110mm×170mm)よりほんの少し小さめのサイズで、色違いの紙を用意して、図のように角を合わせて置きます。

4
最初に上から50mmの折り筋★で谷折りをして、折り下げます。次に、下から70mmの折り筋☆で谷折りをして、折り上げます。

5
左側★、その後に右側☆の順で谷折りをして、裏をたたみます。できたら、左右を入れ替えて、裏返します(表のデザインを上にします)。

6
花びらの付け根を谷折りして、折り起こします。中に置いた色違いの紙の効果で、切り紙のデザインがはっきり見えます。

 **松竹梅**
型紙/121p

慶事・吉祥のシンボルとして松・竹・梅の3点を組み合わせた縁起物です。元は中国の「歳寒三友（さいかんのさんゆう）」が日本に伝わったものです。歳寒三友は、宋代より始まった、中国の文人画で好まれる画題の1つで、具体的には松・竹・梅の3つをさします。松と竹は寒中にも色褪せず、また梅は寒中に花開く。これらは「清廉潔白・節操」という、文人の理想を表現したものと認識されています。日本で「松竹梅」といえば「目出度い」ことの象徴と考えられていますので、本来の、中国の認識とは大きく異なっています。

 **バラ**
型紙/122p

名前は、「いばら」から転じたものといわれています。北半球の温帯域に広く自生していますが、南半球には自生していません。鑑賞用として栽培されることが圧倒的に多いのですが、ダマスクローズ (Damask rose) という品種のように、花びらから精油を抽出して利用する花もあり、それは「ローズオイル (Rose oil)」として、香水の原料やアロマセラピーに用いられています。

 **チューリップ**
型紙/123p

和名は鬱金香（うこんこう、うっこんこう）で、この花の香りがスパイスまたは食品を黄色く染めるのに使われるウコンのような、ほこり臭いことに由来します。花の香りは概してあまり良くないのですが、最近香りの良い品種も増えています。

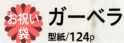 ## ガーベラ
型紙/124p

名前は、発見者であるドイツの博物学者ゲルバー（Traugott Gerber）の名にちなんでいます。陽気で明るい雰囲気を持つ花で、交配により多数の園芸品種が開発され、毎年のように新品種が生まれています。そのため、多彩な花色と、一重、八重、スパイダー咲きやセミダブルなど花形のバリエーションも富んでいることから、モダンでハイカラな花として広い用途があります。

左右で縁から花びらが飛び出しています。この花びらには、折り筋を付けないことを、型紙(124p)で確認してください。

アサガオ
型紙/125p

「早朝に咲いて日が昇る頃にはしぼむ、つるを伸ばす夏の花」というイメージがありますが、昼間に咲くもの、つるが伸びないもの、秋に咲くものなど、実際にはバラエティーに富んでいます。日本への到来は、奈良時代末期に遣唐使が種子を薬（下剤の作用）として持ち帰ったものが初めといわれています。

夏の花

The flower which blooms in summer

バラ

ナポレオン・ボナパルトの皇后ジョゼフィーヌはバラを愛好し、夫が戦争をしている間も、敵国とバラに関する情報交換や原種の蒐集をしていました。ヨーロッパのみならず日本や中国など、世界中からバラを取り寄せマルメゾン城に植栽させる一方、「バラ図譜」を描かせていました。ナポレオン失脚後で、さらにジョゼフィーヌ没後も彼女の造営したバラ園では原種の蒐集、品種改良が行われ、19世紀半ばにはバラの品種数は3,000を超えました。これが観賞植物としての現在のバラの基礎となっているのです。

夏 02 ミニバラ

樹形から、木立性(ブッシュ・ローズまたは木バラ)、半つる性(シュラブ・ローズ)、つる性(つるバラまたはクライミング・ローズ)の3タイプに分けられます。ミニバラは、木立性に属していて、コンパクトな株に花色の多い極小輪から中小輪の花を咲かせます。

01 バラ

| 花 | 部品/外・中・内の**3**つ　折り方/**F**タイプ　型紙/**126**p |
| 葉っぱ | **E・F**　折り方/**C**タイプ　型紙/**119**p |

1
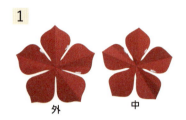
切り紙を終えました。3つの切り紙を中心で貼り合わせて、花に仕上げていきます。外と中の切り紙で、それぞれの花びらで向かって右・縁に少量の接着剤を付けます。花びらをわずかに重ねてくっつけて、お椀の形にします。

2

外の中心に接着剤を付けました。外の上に中の中心を合わせて、接着します。そのとき、外の花びらと花びらの間に、中の花びらの中心線がくるようにします。

3
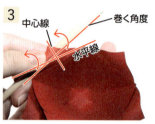
水平線に対して斜めの角度を付けて、すべての花びらに丸い棒で外巻きのクセを付けます。写真では外の花びらにクセを付けています。基本的に外側の花びらから順に作業をします。

4
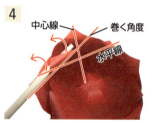
次々に花びらにクセを付けえています。花びらが巻かれている角度を確認してください。

5

花の中心になる内の部品を作ります。花びらは10枚ありますが、1枚おきに花びらの付け根を谷折りして折り上げます。

6

5で折り上げた5枚の花びらに丸い棒で内巻きのクセを付けます。ここは強く巻いてしっかりクセを付けてください。

7

残りの5枚の花びらに水平線に対して斜めの角度を付けて、丸い棒で内巻きのクセを付けます。8で仕上がりを確認すると、作業がわかりやすいでしょう。

8
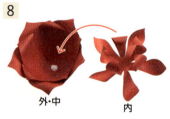
外・中の部品の中心に接着剤を付けました。その上に内の中心を合わせて、接着します。

9

棒で中心を押さえて、密着させてしっかりくっつけます。

02 ミニバラ

🌸 **花** 部品/外・内の**2つ** 折り方/**F**タイプ 型紙/**127**p
🌿 **葉っぱ** **D** 折り方/**E**タイプ 型紙/**117**p

■ 75×75mm（折り紙の1/4）の紙で作れます。

1

切り紙を終えました。2つの切り紙を中心で貼り合わせて、花に仕上げていきます。外の切り紙で、それぞれの花びらで向かって右・縁に少量の接着剤を付けます。花びらをわずかに重ねてくっつけて、お椀の形にします。

2
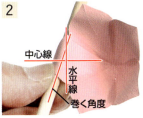

水平線に対して斜めの角度を付けて、すべての花びらに丸い棒で外巻きのクセを付けます。

3
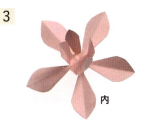

花の中心になる内の部品を作ります。内の花びらは10枚ありますが、小さい方の花びらの付け根を谷折りして折り上げます。

4

3で折り上げた5枚の花びらに竹串で内巻きのクセを付けます。ここは強く巻いてしっかりクセを付けてください。

5
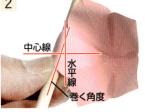

残りの5枚の花びらに水平線に対して斜めの角度を付けて、丸い棒で内巻きのクセを付けます。

6
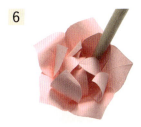

外の中心に接着剤を付けました。外の上に内の中心を合わせて、接着します。棒で中心を押さえて、密着させてしっかりくっつけます。

夏 03 八重クチナシ

花びらが6枚のクチナシは梅雨どきに咲き、強い香りを漂わせ、秋には橙赤色の果実を付けます。この果実は黄色の染料として利用され、また漢方では山梔子（シャンチーツー）として用いられていますが、熟しても裂開しません。つまり口が開かないことから「クチナシ」の和名が付けられたといわれています。庭木としてよく栽培されているクチナシは、八重咲きのオオヤエクチナシが多く、こちらの花は豪華ですが、実はつけません。

03 八重クチナシ

花 部品/A・B・C・Dの**4**つ　折り方/**F**タイプ　型紙/126p
葉っぱ **F・G**　折り方/**C**タイプ　型紙/119p

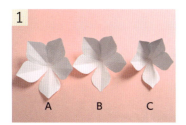

1
切り紙を終えました。4つの切り紙を中心で貼り合わせて、花に仕上げていきます。A・B・Cの切り紙で、それぞれの花びらで向かって右・縁に少量の接着剤を付けます。花びらをわずかに重ねてくっつけて、お椀の形にします。

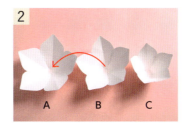

2
A（一番外の花びら）の中心に接着剤を付けました。Aの上にBの中心を合わせて、接着します。そのとき、Aの花びらと花びらの間に、Bの花びらの中心線がくるようにします。

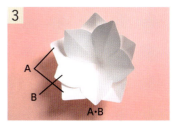

3
2を終えました。上から見て、A・Bの花びらがお互いの間にきて、重なっていないことを確認してください。同じ要領で、A・Bの上にCの中心を合わせて、接着します。

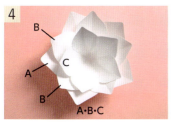

4
3を終えました。上から見て、A・B・Cの花びらがお互いの間にきて、重なっていないことを確認してください。

5
A・B・Cを貼り合わせた部品で、すべての花びらに丸い棒で外巻きのクセを付けます。

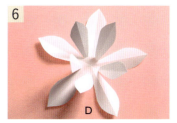

6
花の中心になるDの部品を作ります。Dの花びらは10枚ありますが、1枚おきに花びらの付け根を谷折りして折り上げます。

7
6で折り上げた5枚の花びらに丸い棒で内巻きのクセを付けます。ここは強く巻いてしっかりクセを付けてください。

8
残りの5枚の花びらに丸い棒で内巻きのクセを付けます。

9
A、B、Cを貼り合わせた部品の中心に接着剤を付けました。その上にDの中心を合わせて、接着します。棒で中心を押さえて、密着させてしっかりくっつけます。

夏 04 ニチニチソウ

花形の改良が進み、風車咲きやフリンジ咲き（花びらの縁がギザギザ）なども流通している人気の高い植物です。あまり土質を選ばず育ち、高温・日照を好むことに加えて、乾燥に強いので、夏の花壇には欠かせない存在です。

- 花　部品/1つ　折り方/Fタイプ　型紙/127p
- 葉っぱ　E　折り方/Cタイプ　型紙/119p
- 75×75mm（折り紙の1/4）の紙で作れます。

切り紙を切り終えて、開いた後に、まん中の小さな円は、ポンチで窓を開けるときれいに仕上がります。花びらに丸い棒で軽く内巻きのクセを付けましょう。

夏 05 タチアオイ

茎が立ち上がって伸びるのでタチアオイの名前があります。英名のホリホックでも親しまれていますが、これは葉の形がヒイラギ（ホーリー）に似ており、茎の節がくるぶしのようにぽっこりと節くれ立つ（ホック）ようすに由来します。花は垂直に伸びた花茎の下から上に咲き上っていきます。ちょうど梅雨入りの頃に咲き始め、梅雨明けとともに花茎の頭頂部まで開花が進み花期が終わることから、「ツユアオイ（梅雨葵）」という別名も冠されています。

花　部品/外・内の2つ　折り方/Fタイプ
　　　型紙/127p
花芯　C
葉っぱ　タチアオイの葉っぱ
　　　折り方/Bタイプ　型紙/127p

1 外、内の切り紙で、花びらをわずかに重ねてくっつけて、お椀の形にします。その後、中心を合わせて、接着します。そのとき、外の花びらと花びらの間に、内の花びらの中心線がくるようにします。

2 水平線に対して斜めの角度を付けて、すべての花びらに丸い棒で外巻きのクセを付けます。

3 花の中心に、花の大きさや深さに合わせて長さを調節した花芯Cを接着します。花芯の底面にたっぷりと接着剤を付けましょう。

夏 06 アジサイ

名前は、藍色の花が集まるという意味の「あづさあい(集真藍)」が変化したものといわれています。花をよく見ると、両性花(完全花)と装飾花(不完全花、中性花)の2種で構成されています。両性花は生殖能力のあるいわば花の本体で、雄しべと雌しべを持ちますが、開花してもあまり目立ちません。装飾花は大きな花びら(じつは萼)なのですが、雄しべや雌しべが退化しており、実を結ぶことはありません。アジサイの花を見て多くの人が「外見上の花」と認識している部分はおそらく装飾花で、その中心で小さく咲いているのが両性花です。

花 部品/1つ 折り方/Bタイプ 型紙/128p

1. 縁から12mm内側にある折り筋で谷折りして、4辺を折り起こします。

2. 4つの角で、内側に少量の接着剤を付けます。

3. 2の4つの角を指でつまんで、しばらくそのままで待ち、しっかりくっつけます。その後、花びらを折り起こして、全体の形を整えます。

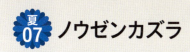

夏 07 ノウゼンカズラ

夏から秋にかけ橙色あるいは赤色の美しい花を咲かせます。気根(茎から空気中に出る根)を出して樹木や壁などの他物に付着してつるを伸ばし、成長していきます。中国原産で平安時代には日本に渡来していたと考えられ、古くは「ノウセウ」または「ノセウ」と呼ばれていました。それが訛って「ノウゼン」となったといわれています。またつるを木や壁に絡めて登るようすから「カズラ」の名が付きました。

🌺 花　部品/1つ　折り方/Fタイプ　型紙/127p
🌸 花芯　B
🌿 葉っぱ　E　折り方/Cタイプ　型紙/119p

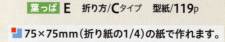
75×75mm(折り紙の1/4)の紙で作れます。

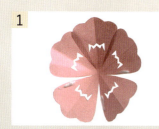

1
それぞれの花びらで向かって右・縁に少量の接着剤を付けます。花びらをわずかに重ねてくっつけて、お椀の形にします。

2
すべての花びらに丸い棒で外巻きのクセを付けます。

3
花の中心に、花の大きさや深さに合わせて長さを調節した花芯Bを接着します。花芯の底面にたっぷりと接着剤を付けましょう。

 ## ダリア

メキシコからグアテマラに約15種が分布する球根植物です。現在、広く親しまれているのは、野生種を交配させて作られた園芸品種です。大輪種の豪華さ、小輪種の愛らしさ、様々な花色や形などその選択肢の多さが魅力の1つです。花色はとても豊富で、青以外はほぼそろっているといっても過言ではありません。

08 ダリア

花	部品/A・B・C・Dの4つ　折り方/Fタイプ　型紙/128p
花芯	A
葉っぱ	F・G　折り方/Cタイプ　型紙/119p

1
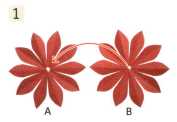
4つの切り紙を中心で貼り合わせて、花に仕上げていきます。A（一番外の花びら）の中心に接着剤を付けました。Aの上にBの中心を合わせて、接着します。そのとき、Aの花びらと花びらの間に、Bの花びらの中心線がくるようにします。

2

Cの切り紙で、それぞれの花びらで向かって右・縁に少量の接着剤を付けます。花びらをわずかに重ねてくっつけて、お椀の形にします。

3
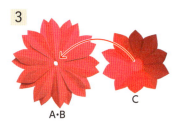
A・Bを貼り合わせた部品の上にCの中心を合わせて、接着します。そのとき、Bの花びらと花びらの間に、Cの花びらの中心線がくるようにします。

4
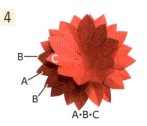
3を終えました。上から見て、A・B・Cの花びらがお互いの間にきて、重なっていないことを確認してください。

5

横から見ています。Bの花びらの付け根に少量の接着剤を付けて、折り起こし、Cの花びらにくっつけます。

6

すべての花びらに丸い棒で外巻きのクセを付けます。最初にA（一番外の花びら）から順に丸い棒で外巻きのクセを付けます。基本的に外側の花びらから順に作業をします。

7

6の途中のようすです。

8
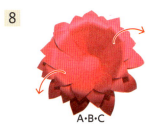
6を終えました。すべての花びらが外側に向かって丸まっています。

9
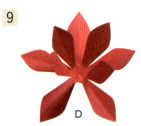
花の中心になるDの部品を作ります。Dの花びらは10枚ありますが、小さい方の花びらの付け根を谷折りして折り上げます。

10

A・B・Cを貼り合わせた部品の上にDの中心を合わせて、接着します。そのとき、Cの花びらと花びらの間に、Dの大きい方の花びらの中心線がくるようにします。

11

花の中心に、花芯Aを接着します。花芯の底面にたっぷりと接着剤を付けましょう。

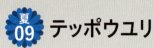 **テッポウユリ**

北半球の亜熱帯〜亜寒帯に約96種が分布する球根植物で、日本にはその中の15種が自生します。そのうち6〜7種は日本のみに分布する固有種です。自生地は山野の草地や里山の疎林の傾斜地、海岸の岩場や砂地など、水はけがよくて適度に日射しのある場所です。交配によって園芸品種も多く開発されていて、野生種にはない花色やゴージャスさ、かわいらしさがあり、多くの方に栽培されています。

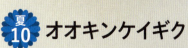 オオキンケイギク

漢字では「大金鶏菊」と書きます。日本には1880年代に鑑賞目的で渡来しましたが繁殖力が強く、荒地でも生育できるため、緑化などに利用されてきました。しかし、カワラナデシコなどの在来種に悪影響を与える恐れが指摘され、2006年に外来生物法に基づき特定外来生物として栽培・譲渡・販売・輸出入などが原則禁止されました。

ヒマワリ

英名は、「サンフラワー」、和名では、「向日葵(ヒマワリ)」「日輪草(ニチリンソウ)」「日車(ヒグルマ)」と呼ばれています。どの名前も太陽に由来していますね。太陽の動きに合わせて花がその方を向くと考えられていますが、実際は、特に日照を遮るものがなければ花は東を向くことが観察でわかっています。花は一方向を向いており太陽を追う動きはしません。

09 テッポウユリ

花	部品/**1**つ　折り方/**E**タイプ　型紙/**129**p
花芯	**B**
葉っぱ	**H**　折り方/**D**タイプ　型紙/**119**p

1

花びらは6枚ありますが、1枚おきに花びらの付け根を谷折りして折り上げます。折り上げていない残り3枚の花びらの左右・縁に少量の接着剤を付けます。

2
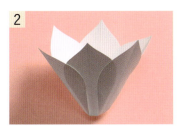
写真で、花びらの重なり具合と立ち上がりの角度を確認して、先に折り上げた花びらに、残りの花びらをくっつけます。

3

すべての花びらに丸い棒で外巻きのクセを付けます。

4

花の中心に、花の大きさや深さに合わせて長さを調節した花芯Bを接着します。花芯の底面にたっぷりと接着剤を付けましょう。

10 オオキンケイギク

花	部品/外・内の**2**つ　折り方/**C**タイプ　型紙/**129**p
花芯	**A**
葉っぱ	**B**　折り方/**E**タイプ　型紙/**115**p

1
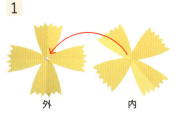
2つの切り紙を中心で貼り合わせて、花に仕上げていきます。外の中心に接着剤を付けました。外の上に内の中心を合わせて、接着します。そのとき、外の花びらと花びらの間に、内の花びらの中心線がくるようにします。

2

外の花びら左右・付け根に少量の接着剤を付けます。内の花びらを折り起こした状態で、外側から花びらをくっつけて、お椀の形にします。

3

2を終えました。花びらの重なりと花の開き具合を確認してください。花びらに丸い棒で軽く内・外巻きのクセを付けて表情を加えましょう。その中心に、花芯Aを接着します。花芯の底面にたっぷりと接着剤を付けましょう。

11 ヒマワリ

| 花 | 部品/**1**つ　折り方/**B**タイプ　型紙/**128**p |

1

縁から12mm内側にある折り筋で谷折りして、4辺を折り起こします。

2

4つの角で、内側に少量の接着剤を付けます。

3

2の4つの角を指でつまんで、しばらくそのままで待ち、しっかりくっつけます。

4

花びらを折り起こして、全体の形を整えます。

ハス

秋になると花が枯れて、茎が分厚くなった部分＝花托(かたく)が大きくなり、その中に実を付けます。花托はだんだんと肥大化し、表面にたくさんの通気口となる穴が空いてきます。その形状が蜂の巣に似ていることから、「蜂巣(ハチス)」と呼ばれていたものが変化して、「ハス・蓮」といわれるようになりました。花托の穴の中で、どんぐりのような緑色の実が育ちます。実は健康食品として広く利用されており、今でも精進料理に欠かせない食材の1つとなっています。

ハス

花	部品/A・B・C・Dの**4つ**　折り方/**F**タイプ　型紙/**129**p
花芯	A
葉っぱ	ハスの葉っぱ　折り方/**A**タイプ　型紙/**130**p

1

切り紙を終えました。4つの切り紙を中心で貼り合わせて、花に仕上げていきます。B、Cの切り紙で、それぞれの花びらで向かって右・縁に少量の接着剤を付けます。花びらをわずかに重ねてくっつけて、お椀の形にします。

2
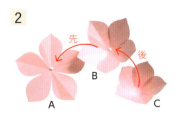

A（一番外の花びら）の中心に接着剤を付けました。先にAの上にBの中心を合わせて、接着します。そのとき、Aの花びらと花びらの間に、Bの花びらの中心線がくるようにします。同じ要領で、A・Bの上にCの中心を合わせて、接着します。

3
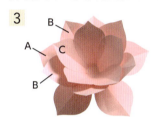

2を終えました。上から見て、A・B・Cの花びらがお互いの間にきて、重なっていないことを確認してください。

4

A・B・Cを貼り合わせた部品で、すべての花びらに丸い棒で内巻きのクセを付けます。基本的に外側の花びらから順に作業をします。

5

花の中心になるDの部品を作ります。Dの花びらは10枚ありますが、小さい方の花びらの付け根を谷折りして折り上げます。

6

5の後、折り上げていない残り5枚の花びらで向かって右・縁に少量の接着剤を付けます。花びらをわずかに重ねてくっつけて、お椀の形にします。

7

A・B・Cを貼り合わせた部品の中心に接着剤を付けました。その上にDの中心を合わせて、接着します。

8

花の中心に、花芯Aを接着します。花芯の底面にたっぷりと接着剤を付けましょう。

13 ハイビスカス

花	部品/外・内の**2**つ　折り方/**F**タイプ　型紙/**131**p
花芯	**C**
葉っぱ	**F・G**　折り方/**C**タイプ　型紙/**119**p

1

外の花びらの部品を作ります。それぞれの花びらで向かって右・縁に少量の接着剤を付けます。花びらをわずかに重ねてくっつけて、お椀の形にします。

2

すべての花びらに丸い棒で外巻きのクセを付けます。

3

花の中心になる内の部品を作ります。内の花びらは10枚ありますが、小さい方の花びらの付け根を谷折りして折り上げます。

4

すべての花びらに丸い棒で外巻きのクセを付けます。

5

外の中心に接着剤を付けました。外の上に内の中心を合わせて、接着します。棒で中心を押さえて、密着させてしっかりくっつけます。

6

花の大きさや深さに合わせて、花芯Cを線のところで切って、長さを調整しました。

7

花芯のめしべに竹串で外巻きのクセを付けます。

8

7を終えました。すべてのめしべが外側に向かって丸まっています。花の中心に、花芯Cを接着します。花芯の底面にたっぷりと接着剤を付けましょう。

夏 13 ハイビスカス

分類上でハイビスカスというと、アオイ科ヒビスクス属に分類されるすべての植物を指します。この定義で言うと、ヒビスクス属は世界の熱帯・亜熱帯を中心に約250種の野生種があり、それらすべてがハイビスカスということになります。ヒビスクス＝ハイビスカスなのでしょうか。学名でもあり英語名でもある「Hibiscus」をラテン語風に読むとヒビスクス、英語風に読むとハイビスカスです。園芸ではもっと限定した狭い範囲での呼び名で、ブッソウゲやその他の野生種を交配した品種の総称をさします。

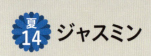

夏 14 ジャスミン

中国南部原産のつる性低木で、主に鉢植えで出回ります。つるは1m〜3mの長さに伸びます。平地や暖地では露地で越冬できるため、フェンスなどに絡ませて育てることもあります。「ハゴロモジャスミン」という通称で親しまれています。花は白色で外側が淡いピンクになります。ピンクで光沢があるつぼみも可愛いものです。ジャスミンティーに利用されるのはマツリカという品種です。

花 部品/1つ 折り方/Fタイプ 型紙/127p
葉っぱ E 折り方/Cタイプ 型紙/119p

■ 75×75mm（折り紙の1/4）の紙で作れます。

切り紙を切り終えて、開いた後に、まん中の小さな円は、ポンチで窓を開けるときれいに仕上がります。写真は花を裏から見ています。花びらに丸い棒で外巻きのクセを付けましょう。

ゴテチア

名前は、スイスの植物学者シャルル・ゴーデにちなんでいます。ゴデチア・アモエナ (Godetia amoena) とゴデチア・グランディフローラ (Godetia grandiflora) との交配により、多くの園芸品種が生まれています。高性品種から矮性 (わいせい) 品種、大輪や八重咲き品種などバラエティーに富んでいます。色はピンク、サーモンピンク、赤、白、紅紫などで、花壇に少しあるだけで華やぎます。

花　部品/1つ　折り方/Cタイプ　型紙/130p
花芯　B
葉っぱ　A　折り方/Cタイプ　型紙/114p

1
それぞれの花びらで向かって右・縁に少量の接着剤を付けます。花びらをわずかに重ねてくっつけて、お椀の形にします。

2
すべての花びらに丸い棒で外巻きのクセを付けます。

3
花の中心に、花の大きさや深さに合わせて長さを調節した花芯Bを接着します。花芯の底面にたっぷりと接着剤を付けましょう。

くす玉 ダリア & ハイビスカス

ダリア/メキシコでは国花になっているほど愛されている植物です。日本には天保12年(1841年)、オランダ船によってもたらされたとされています。和名を天竺牡丹（テンジクボタン）とよばれ、明治の末には赤坂で第1回のダリア品評会が開催され、大正時代には「日本ダリア会」が設立されるほどの人気を集めました。現在では様々な園芸品種があり、花の形も色も多彩で、数万品種があるといわれています。

ハイビスカス/約20種もの野生種を交配させて生まれた花といわれています。元となったのは、大きく分けてインド洋諸島原産種と、ハワイなど太平洋諸島原産種で、これらをハワイの農業試験所で人の手によって掛け合されてできたのが、現在見られるハイビスカスの始まりです。今までに何千もの品種が作られましたが、ほとんどがハワイで改良されました。

くす玉の作り方

🌸 ダリア & ハイビスカス

ダリア	作り方/67p
ハイビスカス	作り方/76p
葉っぱ	くす玉の葉っぱ　折り方/Fタイプ　型紙/131p

1

66Pの完成　　一番外側の「A」をはずした花
くす玉用

ダリアの作り方は67pを参照してください。くす玉は、2の左にある葉っぱのお椀に花を入れて部品とします。そのために、ダリアは一番外側の花びらの部品（A）は使わず、花びらが少ない状態で仕上げます。

2

葉っぱのお椀

左が葉っぱのお椀です。切り紙をしたあと、葉と葉の間をわずかに重ねてくっつけて、お椀の形にしました。ここに花びらの少ないダリア、またはハイビスカスを入れて接着します。ハイビスカスの作り方は76pを参照してください。

3

2の要領で、ダリア＋葉っぱを6つ、ハイビスカス＋葉っぱを6つ、合計12の部品を用意します。

4

それぞれの部品で、葉っぱは5枚ずつあります。そのすべてを、接着剤を使って、他の部品の葉っぱに合わせて貼ります。最初に、○と○を合わせましょう。

5

葉っぱを合わせたところには、接着剤が付いています。そこを指で1分間ほどつまんで持っていると、しっかりくっつきます。

6

2か所の接着を同時に行います。○と○を合わせましょう。

7

6で合わせた部分を指で1分間ほどつまんで持っていると、しっかりくっつきます。4〜7の作業で3枚の葉っぱが貼り合わされました。すると、図のように三角形の窓が現れます。

8

2か所の接着を同時に行います。○と○を合わせましょう。

9

8で合わせた部分を指で1分間ほどつまんで持っていると、しっかりくっつきます。この作業を完了すると、ここでも図のように三角形の窓が現れます。

10

同じ要領で次々にダリアやハイビスカスの部品を貼り合わせていきます。花の順番はお好みでかまいません。

11

あと1つの部品を貼り合わせれば完成という状態です。最後は空いたところに部品を入れ込み、5枚の葉っぱを貼り合わせます。

12

最後の葉っぱを貼り合わせると、ボール状に組みあがります。

🌸 くす玉 寒ツバキ

ツバキとサザンカはよく似ていますね。どこに着目すると見分けることができるのでしょうか。サザンカは花びらが個々に散ることに対して、ツバキは基本的に花全体がボトリと落ちます。花びらが個々に散るのではなく萼と雌しべだけを木に残して丸ごと落ちるのです。また、サザンカは、ほとんど完全に平開することに対して、ツバキの花は完全には平開せず、お椀状の形を保って咲きます。

くす玉 寒ツバキ

寒ツバキ 作り方/101p
葉っぱ くす玉の葉っぱ 折り方/Fタイプ 型紙/131p

1

100Pの完成　「外」の部品をはずした花
くす玉用

寒ツバキの作り方は101pを参照してください。くす玉は、2の左にある葉っぱのお椀に花を入れて部品とします。そのために、寒ツバキは一番外側の花びらの部品（外）は使わず、花びらが少ない状態で仕上げます。

2

葉っぱのお椀

左が葉っぱのお椀です。切り紙をしたあと、葉と葉の間をわずかに重ねてくっつけて、お椀の形にしました。ここに花びらの少ない寒ツバキを入れて接着します。

3

2の要領で、寒ツバキ＋葉っぱの部品を12用意します。

4

それぞれの部品で、葉っぱは5枚ずつあります。そのすべてを、接着剤を使って、他の部品の葉っぱに合わせて貼ります。最初に、○と○を合わせましょう。

5

葉っぱを合わせたところには、接着剤が付いています。そこを指で1分間ほどつまんで持っていると、しっかりくっつきます。

6
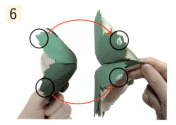

2か所の接着を同時に行います。○と○を合わせましょう。

7

6で合わせた部分を指で1分間ほどつまんで持っていると、しっかりくっつきます。4〜7の作業で3枚の葉っぱが貼り合わされました。すると、図のように三角形の窓が現れます。

8

同じ要領で次々に部品を貼り合わせていきます。

9

最後の葉っぱを貼り合わせると、ボール状に組みあがります。

🌸 くす玉 バラ

長い間、青い色素を持つ原種バラの発見はなく、交配育種法では青バラ作出は不可能とされてきました。園芸品種で「青バラ」と呼ばれるものは、主に赤バラから赤い色素を抜くという手法で、紫や藤色に近づけようとしたものです。しかし最近、サントリーの福井祐子氏らの研究により、バラ独自の青い色素が発見され、「ロザシアニン」(Rosacyanin)と命名されました。しかし、この色素を持つ「青龍」は花粉をほとんど出さないために、交配親としては不向きで、遺伝子操作に頼らない青バラへの道は依然険しく長い道のりのままなのです。

バラ 作り方/58p
葉っぱ くす玉の葉っぱ 折り方/Fタイプ 型紙/131p

1	2	3

葉っぱの切り紙を終えて、開いています。それぞれの葉っぱで向かって右・縁に少量の接着剤を付けます。	左の葉っぱでは、葉と葉の間をわずかに重ねてくっつけて、お椀の形にしました。ここにバラを入れて接着します。バラの作り方は58pを参照してください。	バラと葉っぱは、棒で中心を押さえて、密着させてしっかりくっつけます。この要領で、バラ+葉っぱの部品を12用意します。その後、葉っぱどうしをくっつけて、ボール状に仕上げましょう。

秋の花
The flower which blooms in autumn

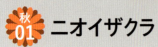 ニオイザクラ

ヒマラヤから雲南の高原に自生する常緑の低木〜小高木です。5種の野生種が分布し、その中でも、アッサム地方のカシー高原を故郷とするルクリア・ピンセアナがアッサムニオイザクラの名前で広まっています。香りが良いこととピンクの花色がサクラをイメージさせることが名前の由来となっています。日が短くなると花芽を付ける短日植物なので、花芽ができる9月ごろからは、夜間、電灯のない場所に置かないと花が咲きません。

01 ニオイザクラ

花	部品/**1**つ 折り方/**F**タイプ 型紙/**132**p
花芯	特製
葉っぱ	**E** 折り方/**C**タイプ 型紙/**119**p

■ 75×75mm（折り紙の1/4）の紙で作れます。

1

最初に、花の中心にある5つのギザギザの付け根を谷折りして、窓を作ります。次に、それぞれの花びらで向かって右・縁に少量の接着剤を付けます。花びらをわずかに重ねてくっつけて、お椀の形にします。

2

1を終えました。

3

すべての花びらに丸い棒で外巻きのクセを付けます。

4
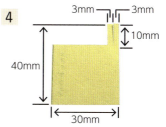
特製の花芯を縦40×横30mmの紙から作ります。寸法をよく見て、写真の形に切りましょう。

5
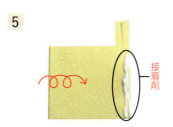
4の紙の右端に接着剤を付けます。次に、左から巻きます。

6

竹串を使って巻くと、きれいに仕上がります。

7

特製の花芯ができあがりました。

8

花の中心に、花の大きさや深さに合わせて長さを調節した花芯を接着します。花芯の底面にたっぷりと接着剤を付けましょう。

コスモス

コスモスの仲間はメキシコを中心に約20種の野生種が知られています。その中でもコスモス・ビピンナツス(Cosmos bipinnatus)とその園芸品種を指して「コスモス」と呼ぶのが一般的です。野生種はメキシコの高原が故郷で、日が短くなると花芽を付ける短日植物で、和名のアキザクラが示すとおり、秋以降に花を咲かせます。

秋 03 ポットマム

ポットマムとはPot（鉢）とChrysanthemum（キク）のmumを合わせた言葉で、鉢花として出回るキクの総称です。欧米生まれの洋ギクから茎の伸びにくいものが選抜されてできたポットマムは、現在も盛んに品質改良が行われ、その数は100品種以上あるといわれています。花色は赤、黄、橙、ピンク、白と豊富で、緑や樺色（かばいろ・赤みを帯びた黄色）、金茶など、キクのイメージを大きく変えるものもあります。

秋 04 ジニア リネアリス

和名を細葉百日草といい、原産地はメキシコを中心とした南北アメリカです。リネアリスとは、ラテン語で「細い線のような」と、いう意味です。百日草というと、昔ながらの盆花、供花のイメージがあるかもしれませんが、ジニアと呼ばれて花壇やコンテナなどに適した豊富な品種が好評で、ガーデニング素材として人気があります。「百日」というだけあって開花期間が長く、次々と咲き続けます。

02 コスモス

| 花 | 部品/1つ　折り方/Bタイプ　型紙/130p |

1

縁から12mm内側にある折り筋で谷折りして、4辺を折り起こします。

2

4つの角で、内側に少量の接着剤を付けます。

3

2の4つの角を指でつまんで、しばらくそのままで待ち、しっかりくっつけます。

4

花びらを折り起こして、全体の形を整えます。

03 ポットマム

花	部品/外・内の2つ　折り方/Fタイプ　型紙/132p
花芯	A
葉っぱ	ポットマムの葉っぱ　折り方/Cタイプ　型紙/132p

1

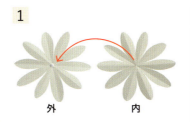
外　　内

2つの切り紙を中心で貼り合わせて、花に仕上げていきます。外の上に内の中心を合わせて、接着します。そのとき、外の花びらと花びらの間に、内の花びらの中心線がくるようにします。

2

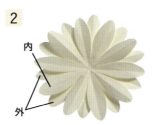

1を終えました。上から見て、内、外の花びらがお互いの間にきて、重なっていないことを確認してください。

3

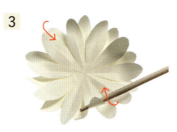

花びらに丸い棒で軽く内・外・斜め巻きのクセを付けて表情を加えましょう。

4

その中心に、花芯Aを接着します。花芯の底面にたっぷりと接着剤を付けましょう。

04 ジニア リネアリス

花	部品/外・内の2つ　折り方/Cタイプ　型紙/132p
花芯	Aの小サイズ
葉っぱ	E　折り方/Cタイプ　型紙/119p

■ 75×75mm(折り紙の1/4)の紙で作れます。

1

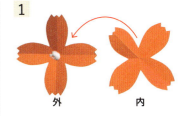
外　　内

2つの切り紙を中心で貼り合わせて、花に仕上げていきます。外の上に内の中心を合わせて、接着します。そのとき、外の花びらと花びらの間に、内の花びらの中心線がくるようにします。

2

すべての花びらに丸い棒で内巻きのクセを付けます。

3

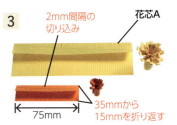

作り方は花芯Aと同じで、大きさだけが小さいものを作ります。横は75mm。縦35mmから15mmを折り返して、2mm間隔で切り込みを入れます。後は花芯Aの作り方と同じです。

4

花の中心に、花芯を接着します。花芯の底面にたっぷりと接着剤を付けましょう。

秋05 ルドベキア

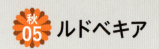

北米に約30種が分布している一・二年草、または多年草です。名前はスウェーデンの植物学者ルドベックに由来しています。主な開花期は夏〜秋ですが、早いものでは梅雨頃から花を咲かせます。真夏の炎天下でも花を咲かせる気丈な植物で、切り花はもとより鉢花や花壇、品種によっては地面を覆うグラウンドカバーにも利用されます。

花　部品/1つ　折り方/Cタイプ　型紙/132p
花芯　A
葉っぱ　E　折り方/Cタイプ　型紙/119p

75×75mm(折り紙の1/4)の紙で作れます。

1
すべての花びらに丸い棒で内巻きのクセを付けます。花の中心に、短く切った花芯Aを接着します。花芯の底面にたっぷりと接着剤を付けましょう。

 ナデシコ

ナデシコの仲間であるダイアンサス属は、世界に約300種が分布しています。このうち、ヒメハマナデシコとシナノナデシコは日本固有種(日本にのみ自生)であり、他に日本には秋の七草の1つであるカワラナデシコとハマナデシコが分布しています。交配によって多くの園芸品種が開発されていて、花壇やコンテナ、鉢植えだけでなく、高性種は切り花に利用され、幅広い用途があります。

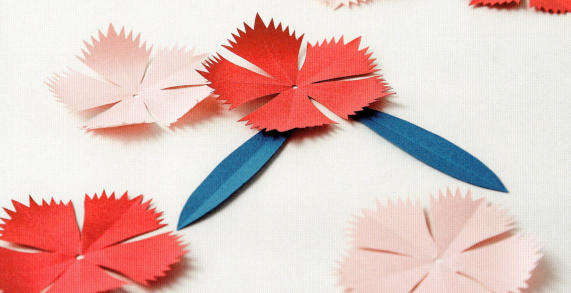

■ 花　部品/1つ　折り方/Fタイプ
　　　　型紙/132p
■ 葉っぱ　A　折り方/Cタイプ　型紙/114p

■ 75×75mm(折り紙の1/4)の紙で作れます。

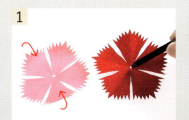

切り紙を切り終えて、開いた後に、まん中の小さな円は、ポンチで窓を開けるときれいに仕上がります。花びらに丸い棒で軽く内巻きのクセを付けましょう。

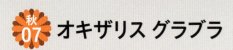

秋 07 オキザリス グラブラ

庭でよく見かけるカタバミの仲間で、南アフリカ・中南米原産です。約500種ありますが、園芸品種として店頭に出回るのは、多くても100種くらいです。草丈は5〜15cm。花色は白・黄・橙・ピンク・濃桃色と多彩です。日当たりの良い場所に植えれば、花はとてもよく咲きます。逆に、日差しが陰っているときや夜は、花は閉じています。

花	部品/1つ 折り方/Fタイプ 型紙/132p
花芯	B
葉っぱ	C 折り方/Eタイプ 型紙/115p

75×75mm（折り紙の1/4）の紙で作れます。

1

それぞれの花びらで向かって右・縁に少量の接着剤を付けます。花びらをわずかに重ねてくっつけて、お椀の形にします。

2
すべての花びらに丸い棒で外巻きのクセを付けます。

3

花の中心に、花の大きさや深さに合わせて長さを調節した花芯Bを接着します。花芯の底面にたっぷりと接着剤を付けましょう。

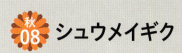
シュウメイギク

古い時代に中国から日本へと入り、京都の貴船地方に野生化したものがあります。これがキブネギクと呼ばれ、本来のシュウメイギクです。ただし、現在は類似のいくつかの種や、これらの交配種も含めて、総称的にシュウメイギクと呼ばれています。漢字で書くと「秋明菊」となり、9月〜10月の秋まっさかりな時期に開花する名前通りの花です。アネモネの仲間で英語ではジャパニーズ・アネモネ（Japanese anemone）と呼ばれています。

花	部品/外・内の2つ　折り方/Eタイプ　型紙/133p
花芯	A
葉っぱ	E・F　折り方/Cタイプ　型紙/119p

1 外の上に内の中心を合わせて、接着します。そのとき、外★の花びらと花びらの間に、内○の花びらの中心線がくるようにします。次に、外の花びら左右・付け根に少量の接着剤を付けます。内の花びらを折り起こした状態で、外側から花びらをくっつけて、お椀の形にします。

2 1を終えて裏から見ています。花びらの重なりと花の開き具合を確認してください。

3 外★の花びらに丸い棒で外巻きのクセを付けます。内○の花びらに丸い棒で内巻きのクセを付けます。できたら、花の中心に、花芯Aを接着します。花芯の底面にたっぷりと接着剤を付けましょう。

秋 09 モミジ・イチョウ

モミジ（カエデ・楓）／日本のモミジ、カエデとして代表されるのは、イロハモミジです。福島県以南の山野に自生している品種で、古くから人の手による栽培も行われてきました。園芸種として複数の栽培品種があり、葉が緑色から赤に紅葉するものや最初から紫色に近い葉を持ったものもあります。

イチョウ／名前は、中国語で、葉の形をアヒルの足に見立てて、鴨脚（イアチァオ）と呼ぶので、そこから転じたとする説があります。その葉っぱはいかにも広葉樹に該当しそうですが、分類上は特殊な針葉樹とされています。

葉っぱ 部品/それぞれ1つ　折り方/**C**タイプ　型紙/133p

1

切り紙を開き、裏を上にしています。下書きは葉脈の線です。モミジではゆるやかな曲線で、イチョウでは直線になっています。

2

折り筋を付けるピックで葉脈を裏から書いています。

3

イチョウは、定規に沿って、折り筋を付けるピックで葉脈を裏から書いています。

冬の花
The flower which blooms in winter

冬 01 木立ダリア

ダリア属の植物の中でも、茎が木質化する3種がツリーダリアと呼ばれています。皇帝ダリアは、その中でも特に茎が太くなり草丈が高くなります。日が短くならないと花芽が付かないので、開花期が遅く11月下旬から咲き出します。近くに街灯や電灯があると日が長いと感じ、花芽を付けない場合があります。よく成長すると5～6mにも達し、2階の窓から花を楽しむことも可能となります。

01 木立ダリア

花	部品/外・内の2つ　折り方/Cタイプ　型紙/136p
花芯	A
葉っぱ	F・G　折り方/Cタイプ　型紙/119p

1

2つの切り紙を中心で貼り合わせて、花に仕上げていきます。外の中心に接着剤を付けました。外の上に内の中心を合わせて、接着します。そのとき、外の花びらと花びらの間に、内の花びらの中心線がくるようにします。

2
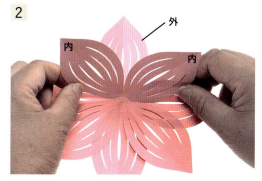

外の花びら左右・付け根に少量の接着剤を付けます。内の花びらを折り起こした状態で、外側から花びらをくっつけて、お椀の形にします。

3
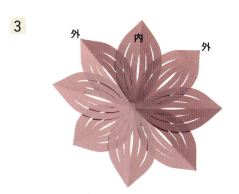

2を終えました。花びらの重なりと花の開き具合を確認してください。

4

裏から見てみましょう。

5

花びらに丸い棒で軽く内・外巻きのクセを付けて表情を加えましょう。

6

花の中心に、花芯Aを接着します。花芯の底面にたっぷりと接着剤を付けましょう。

冬 02 寒ツバキ

古くから庭木として親しまれて、日本を代表する花木としてツバキは広く知れ渡っています。野生種としてもいくつかの品種が自生しており、本州・四国・九州・朝鮮半島南部に分布し、樹高の高くなるヤブツバキ、本州の日本海側、雪の多く降る地帯に分布する樹高のやや低いユキツバキなどがよく知られています。また、ヤブツバキとユキツバキの分布の境界線上の中間地帯にはユキバタツバキという、ヤブツバキとユキツバキの特徴を併せ持った中間的な存在のツバキが存在し、両者の雑種だといわれています。

02 寒ツバキ

花	部品/外・中・内の3つ　折り方/Fタイプ　型紙/136p
花芯	A
葉っぱ	F　折り方/Cタイプ　型紙/119p

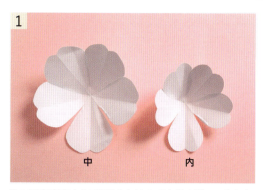

3つの切り紙を中心で貼り合わせて、花に仕上げていきます。中・内の切り紙で、それぞれの花びらで向かって右・縁に少量の接着剤を付けます。花びらをわずかに重ねてくっつけて、お椀の形にします。

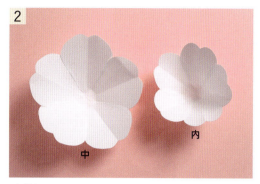

1を終えました。

外・中の中心に接着剤を付けました。先に外の上に中の中心を合わせて、接着します。そのとき、外の花びらと花びらの間に、中の花びらの中心線がくるようにします。同じ要領で、外・中の上に内の中心を合わせて、接着します。

3を終えました。上から見て、外、中、内の花びらがお互いの間にきて、重なっていないことを確認してください。

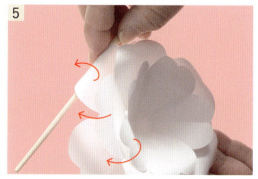

すべての花びらに丸い棒で外巻きのクセを付けます。

花の中心に、花芯Aを接着します。花芯の底面にたっぷりと接着剤を付けましょう。

冬 03 カトレア

カトレアともカトレヤとも発音します（Cattleya）。中南米原産のラン科植物で、美しい花を咲かせることから、洋ランの女王ともいわれています。木の幹や枝、岩の上に根を下ろして成長する「着生」の植物です。ランの収集者で最初に栽培で花を咲かせたウイリアム・カトレー（William Cattley）が南米から送ってもらった植物の梱包材に着生していたものを栽培してみたところ、予想もしなかった見事な花を付けたことが、その後の普及のきっかけとなっています。花の名前は、彼の名にちなんでいます。

冬 04 ポインセチア

メキシコの山地原産のユーフォルビア・プルケリマ(Euphorbia pulcherrima)を改良して作られました。1年で枯らしてしまうことが多く、草花のように扱われていますが本来は低木です。その証拠に、沖縄などでは庭で数メートルほどに大きく育っているのを見かけることがあります。赤や白などに色づいた部分は花と間違えられがちですが、これは苞(ほう)と呼ばれる葉っぱ(苞葉)で、本当の花のまわりに作られます。本当の花は茎の頂点に付くつぶつぶ状のもの(苞の中心にある黄色い部分)で、花びらを持ちません。

八重ウメ

八重モモ

冬05 八重ウメ・八重モモ

ウメ／バラ科サクラ属の落葉高木、または、その果実のことをいいます。毎年2月から4月に5枚の花弁のある1〜3cmほどの花を葉に先立って咲かせます。花の色は白、またはピンクから赤で、曇り空でも目に鮮やかです。樹木と花は主に鑑賞用、実は食用に利用されています。

モモ／バラ科モモ属の落葉小高木、または、その果実のことをいいます。3月下旬から4月上旬頃に薄桃色の花を咲かせます。「桃の花」は春の季語。モモが咲き始める時期は七十二候において、中国では桃始華、日本は桃始笑と呼ばれ、それぞれ二十四節気の啓蟄（けいちつ）の初候、次候にあたります。

03 カトレア

花 部品/外・内の2つ
折り方/外・Eタイプ 内・Aタイプ
型紙/134p

葉っぱ I 折り方/Dタイプ
型紙/119p

1
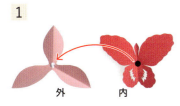

2つの切り紙を中心で貼り合わせて、花に仕上げていきます。●が内の中心です。外の中心に接着剤を付けました。外の上に内の中心を合わせて、接着します。

2

○で囲んだ部分に接着剤を付けて、★の部分をわずかに重ねてくっつけます。

3

花の中心の部分を竹串で丸めて、クセを付けます。

4
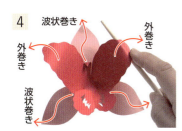

内(上にきている)の大きな花びらに丸い棒で、外巻きのクセを付けます。外の3枚の花びらには、波状の巻きクセを付けます。

04 ポインセチア

花 部品/1つ 折り方/Bタイプ
型紙/136p

1

縁から12mm内側にある折り筋で谷折りして、4辺を折り起こします。

2

4つの角で、内側に少量の接着剤を付けます。

3

2の4つの角を指でつまんで、しばらくそのまま待ち、しっかりくっつけます。

3

葉っぱを折り起こして、全体の形を整えます。

05 八重ウメ・八重モモ

花 部品/外・内の2つ 折り方/Fタイプ
型紙/137p

■ 75×75mm(折り紙の1/4)の紙で作れます。

1
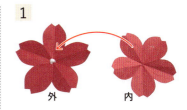

2つの切り紙を中心で貼り合わせて、花に仕上げていきます。外の上に内の中心を合わせて、接着します。そのとき、外の花びらと花びらの間に、内の大きい方の花びらの中心線がくるようにします。

2

1を終えました。上から見て、内の大きい方の花びらが、外の花びらの間にきて、重なっていないことを確認してください。次に、内の花びらで、中にある小さな花びらの付け根を谷折りで起こします。

3

すべての花びらに丸い棒で内巻きのクセを付けます。内の小さな花びらは竹串で強く巻いてしっかりクセを付けてください。

冬 06 ハボタン

冬花壇や正月飾りに欠かせない植物です。冬の寒さの中でいきいきと鮮やかな白や赤の葉は、まるでそこに大輪の花が咲いたような華やかさです。外側の葉は緑で大きく、中心の葉は紅色、白、クリーム色、ピンクなどのやさしい色になります。漢字を当てると葉牡丹で、美しく立派な葉姿を牡丹の花に見立てたものです。

06 ハボタン

花　部品/A・B・C・D・Eの5つ　折り方/Eタイプ　型紙/A・134p　B・C・D・E・135p

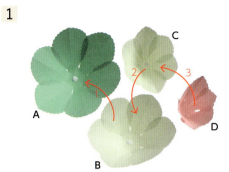

1 5つの切り紙を使います。A・B・C・Dで、葉の向かって右・縁に少量の接着剤を付けます。葉をわずかに重ねてくっつけて、お椀の形にします。それぞれの葉がお互いの間にくるようにして、A・B・C・Dの中心を合わせて貼り合わせます。

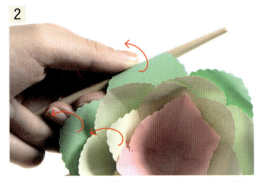

2 A・B・C・Dを貼り合わせた部品で、A・B・Cの葉に丸い棒で外巻きのクセを付けます。

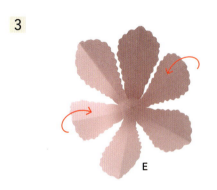

3 ハボタンの中心になるEの部品を作ります。すべての葉に丸い棒で内巻きのクセを付けます。

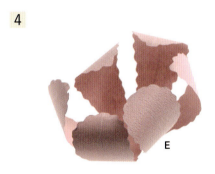

4 3を終えました。

5 Eの底面にたっぷりと接着剤を付けましょう。それをハボタンの中心に接着します。

6 棒で中心を押さえて、密着させてしっかりくっつけます。

素敵な切り紙・
花雑貨
ミニバッグ

 カーネーション
型紙/138p

母の日に贈る花として、古くから親しまれ、年間を通してフラワーアレンジやブーケなどに利用の多い花です。カーネーションの語源は諸説あります。野生種の花色にちなんで、ラテン語のカルニス(肉色)から名前へと転じた説と、イギリスで冠を飾る花として利用されており、戴冠式(コロネーション)に起因する説が有名です。

 **サクラ**
型紙/139p

日本では花を観賞することにおいて、他の花とはくらべものにならないほどの特別な地位にありますね。そのために園芸品種が多く、花びらの数や色、花の咲き方などを改良しようと古くから多くの園芸品種が作られました。日本では固有種・交配種を含め600種以上の品種が確認されています。中でも江戸末期に出現したソメイヨシノ(染井吉野)は、明治以降、日本全国各地に広まり、サクラの中で最も多く植えられた品種となりました。

ミニバッグの作り方

B4(254×364mm)の色画用紙から、250×360mmの長方形を切り取りました。
それを図にしたがって4つ折りにすれば、下書きを描いたり
型紙を合わせる前の準備は完了です。

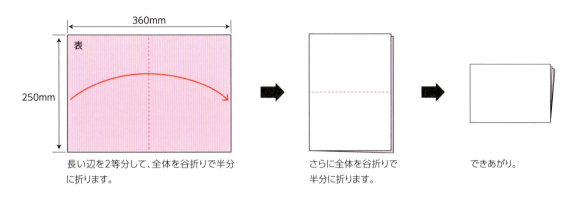

長い辺を2等分して、全体を谷折りで半分に折ります。

さらに全体を谷折りで半分に折ります。

できあがり。

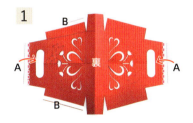

1

下書きをした裏を上にして、全体を開きました。A・Bの辺の縁に両面テープを付けます。できたら、Aをそれぞれ内側に折り返して、くっつけます。

2

底を作ります。左右にある側面の部分を、谷折りで起こします。Cの外側には両面テープを付けておきます。3で付ける位置を確認してください。

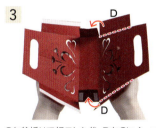

3

Cを谷折りで起こした後、DをCにくっつけます。

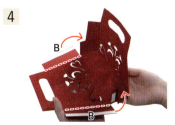

4

3と同じ要領で、BをCにくっつけます。また、同時に、BをDにくっつけます。

5

バッグの形ができあがりました。

6

花びらの付け根を谷折りして、折り起こします。

テッポウユリ

型紙/140p

ラッパのような形をした、沖縄などの南西諸島に分布しているユリの仲間です。昔、ヨーロッパでは、クリスマスやイースターなどの儀式に、聖母の白ユリとしてマドンナリリーが使われていましたが、日本のテッポウユリが純白色で美しいことや、育てやすいことから、代ってこの花が使われるようになりました。花は、甘くて強い良い香りがします。

花びらの付け根は谷折りしないで、花びら全体に丸い棒でクセを付けて仕上げます。

 **キキョウ** 型紙/141p

漢名(中国での名称)の桔梗(きちこう)を、音読みで「ききょう(ききやう)」と読んだのが名前の由来です。日当たりのよい草原に見られますが、国内ではそのような場所が激減したことが理由となり、自生するキキョウは絶滅危惧種になっています。ただし、園芸店などではごく当たり前に園芸品種の苗が見られます。古来より人々に愛されていて、万葉の時代から観賞されていた記述が見つかっています。かなり早くから園芸品種が成立していたことが、貝原益軒の『花譜』(1694年)にある「紫白二色あり。(中略)八重もあり」という記述からもわかります。

ビオラ 型紙/142p

スミレ科スミレ属のラテン語名です。パンジー、ビオラは、ヨーロッパに自生する野生種から育種され、かつては大輪のものをパンジー、小輪で株立ちになるものをビオラと呼んで区別していましたが、現在は複雑に交雑された園芸品種が登場し、区別できなくなっています。曖昧な定義としては、花径5cm以上をパンジー、4cm以下をビオラとすることが多いようです。

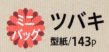 **ツバキ**
型紙/143p

名前の由来は諸説ありますが、よくいわれるものに、光沢のあるツヤツヤした葉っぱの木「ツヤハキ」が転じたという説があります。野生種を元にして数多くの園芸品種が生み出されました。特にヤブツバキは品種改良の中心となった種です。園芸品種には多くの系統がありますが、ヤブツバキ系、ユキツバキ系、ヤブツバキと他の種との雑種といわれている侘助（わびすけ）系などがポピュラーです。

花びらの付け根は谷折りしないで、花びら全体に丸い棒でクセを付けて仕上げます。

コピーを取って使える
型紙集

本書の作品見本は150×150mm、またはそれを4等分した75×75mmの折り紙を使って作りました。
折り紙は180×180mmのサイズの商品も多く流通しています。
本書の型紙は150×150mmにぴったり合うサイズを掲載しておりますが、
これを120％で拡大コピーを行うと、180×180mmにぴったり合います。
少し大きく作りたいときにはお試しください。

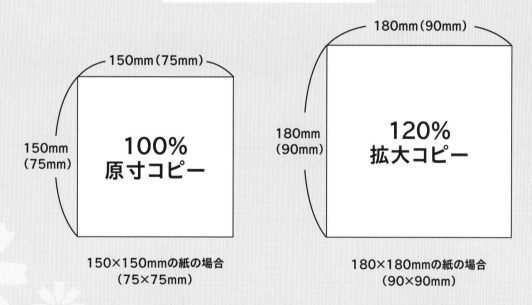

型紙をコピーするときの比率

150mm（75mm） / 150mm（75mm）
100％ 原寸コピー
150×150mmの紙の場合
（75×75mm）

180mm（90mm） / 180mm（90mm）
120％ 拡大コピー
180×180mmの紙の場合
（90×90mm）

● 下書きは裏にして、切り終わったらできるだけていねいに消しゴムで線を消しましょう。
● 切って開いたら、表を上にしてください。
　なぜなら、型紙にある谷折り線・山折り線の案内は、表を上にしている状態を想定しているからです。

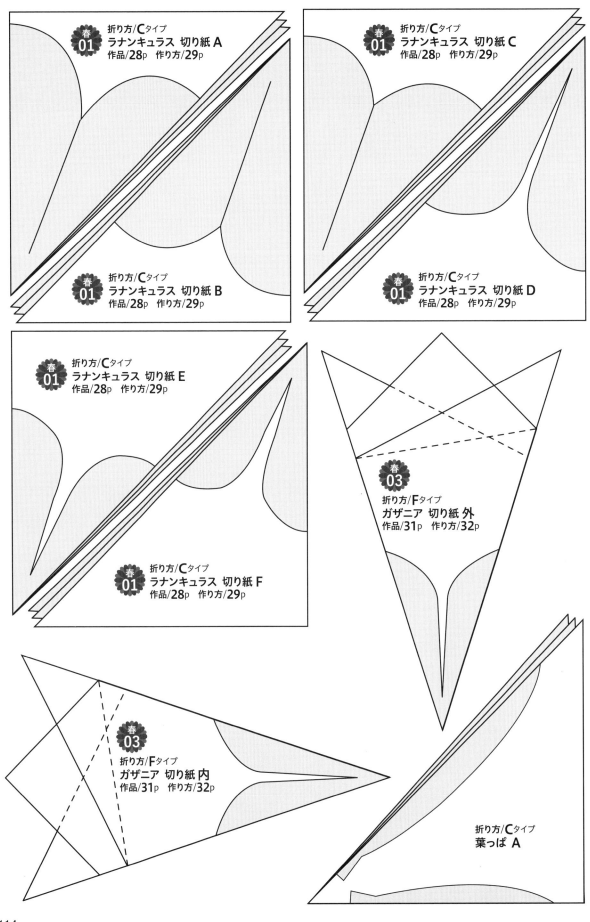

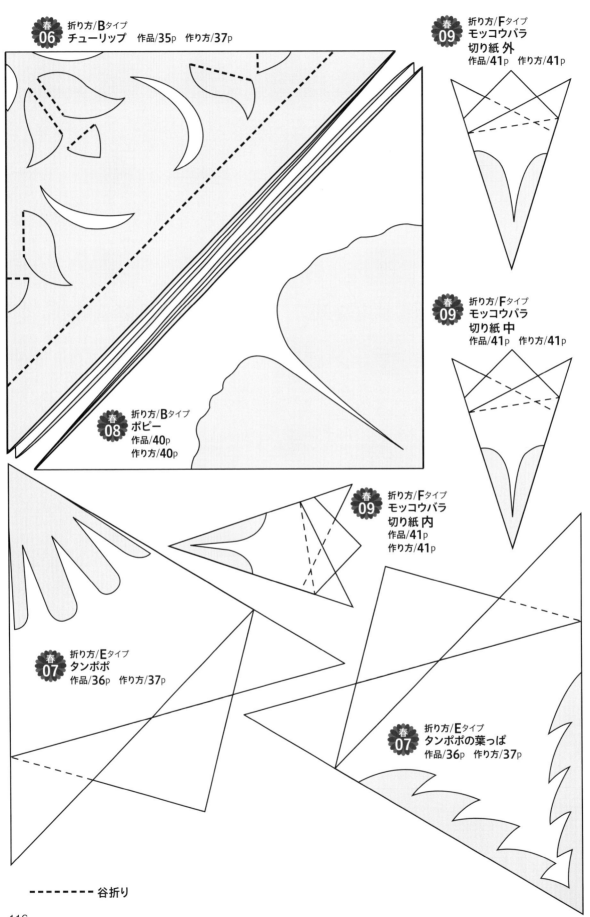

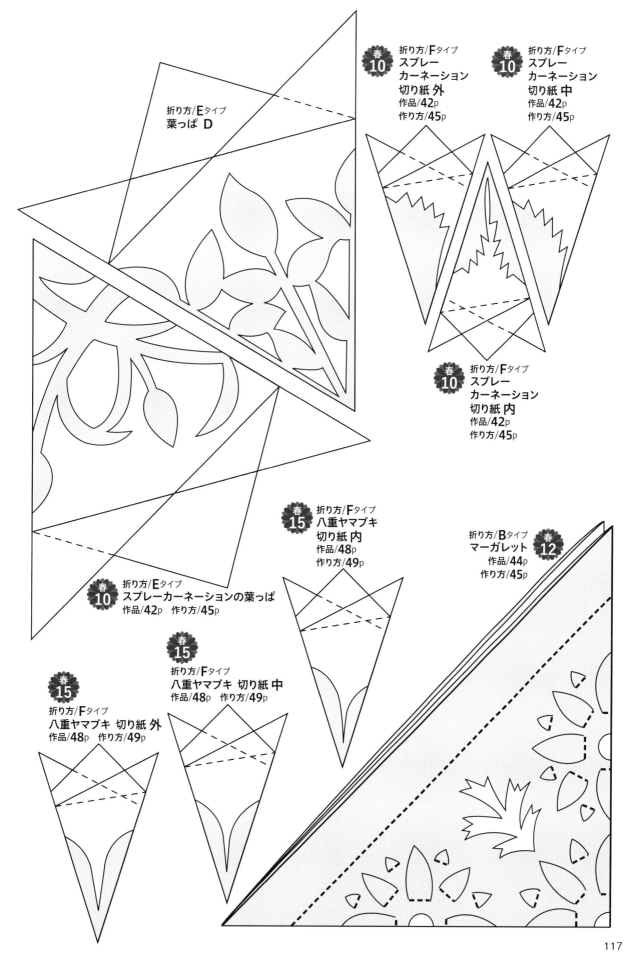

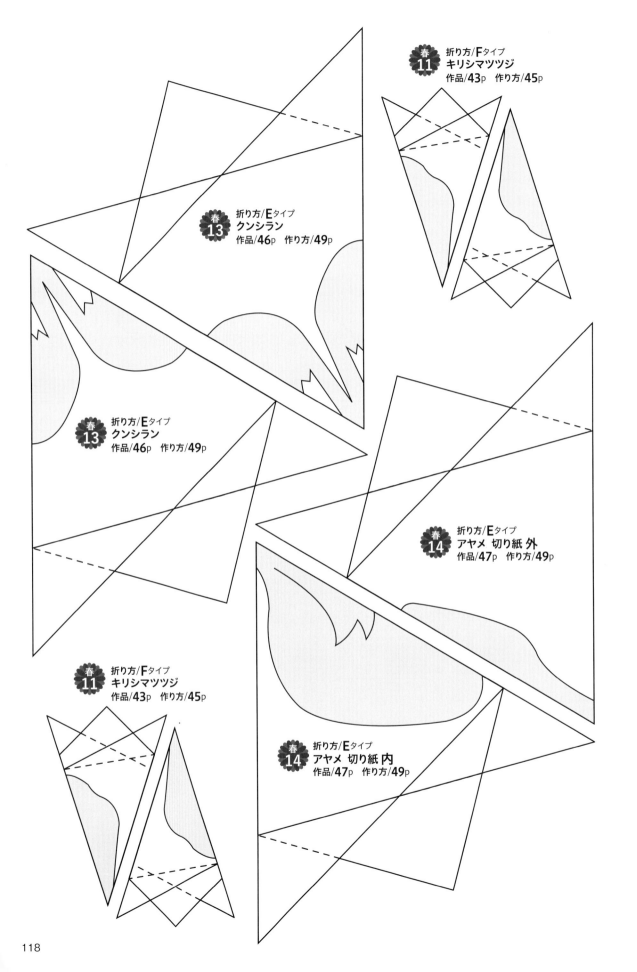

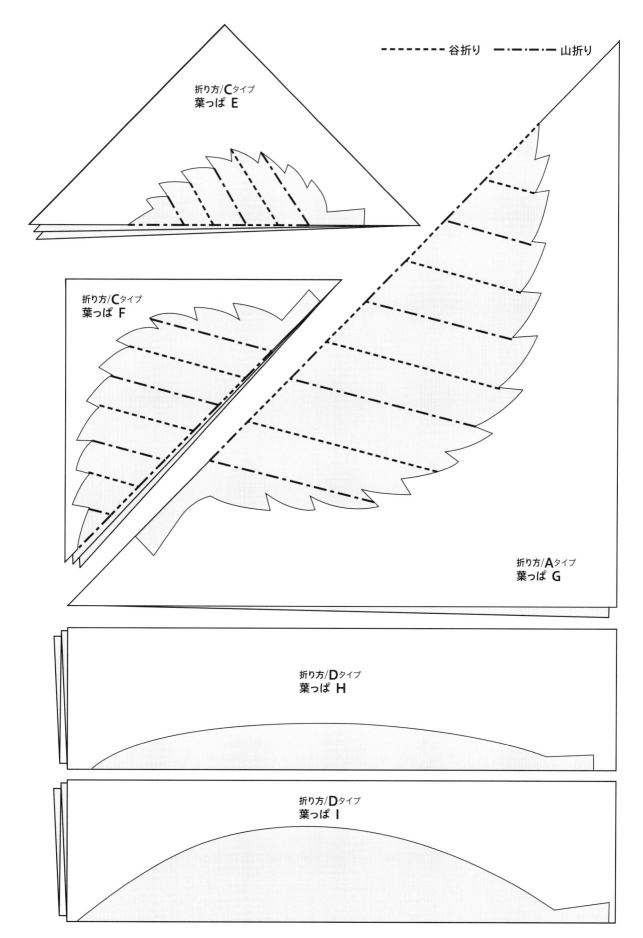

← 型紙の左端を
折り目に合わせてください

型紙の右端はまだ続いて →
いますが、ここでは
省略されています

お祝い袋 ボタン
作品/50p　作り方/51p

------- 谷折り

← 型紙の左端を
折り目に合わせてください

型紙の右端はまだ続いて →
いますが、ここでは
省略されています

お祝い袋 松竹梅
作品/52p　作り方/51p

← 型紙の左端を折り目に合わせてください

型紙の右端はまだ続いていますが、ここでは省略されています →

お祝い袋 バラ 作品/53p 作り方/51p

------ 谷折り

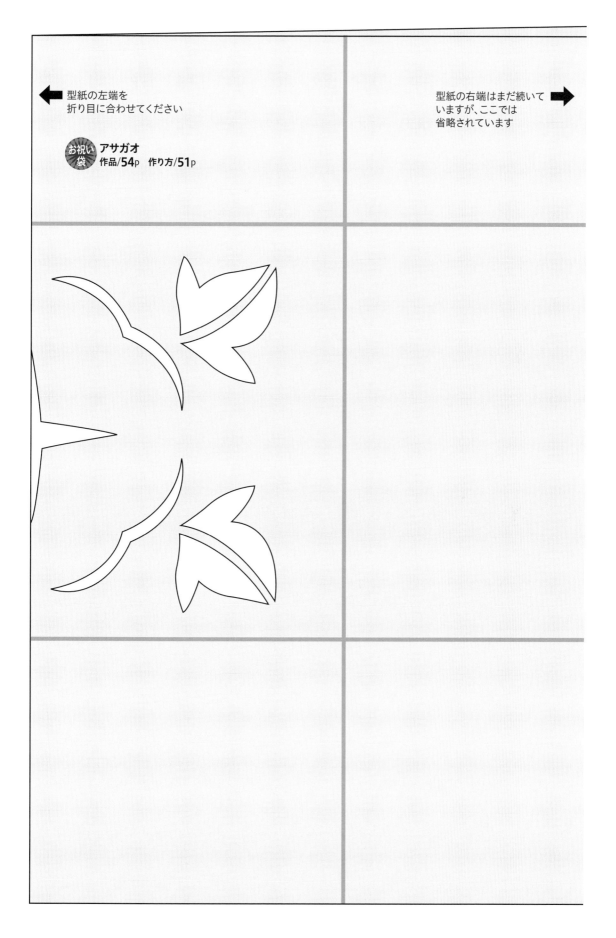

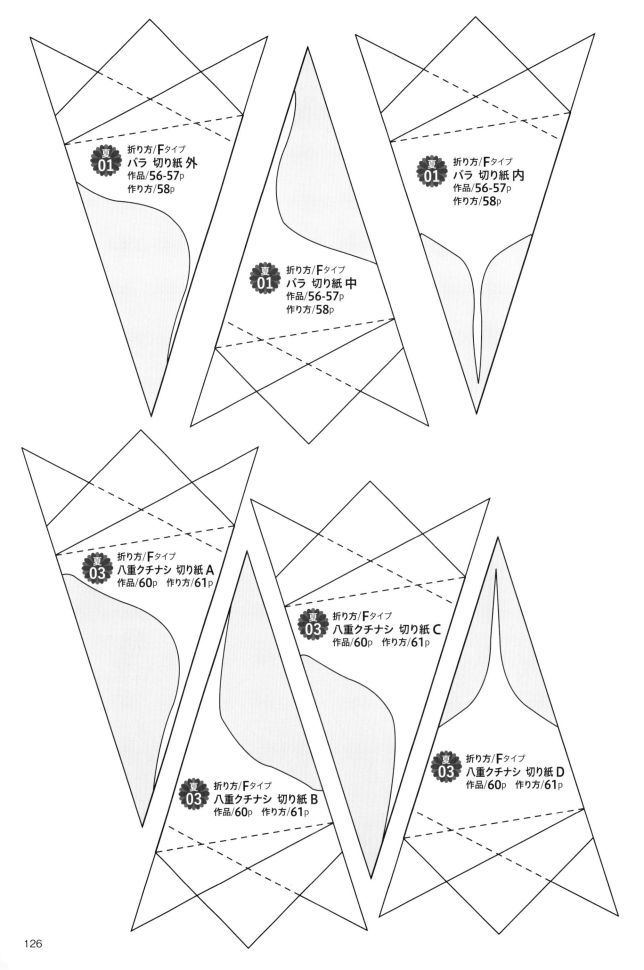

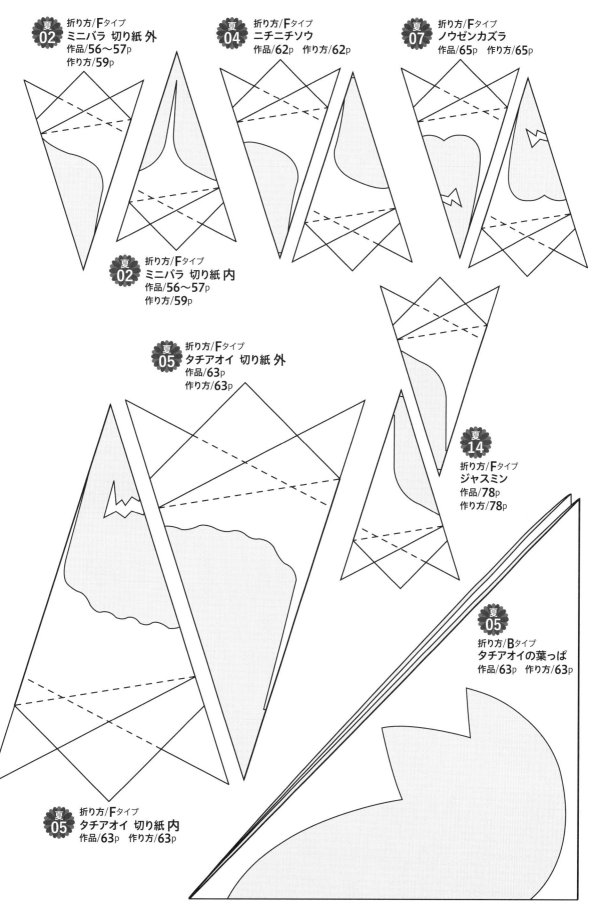

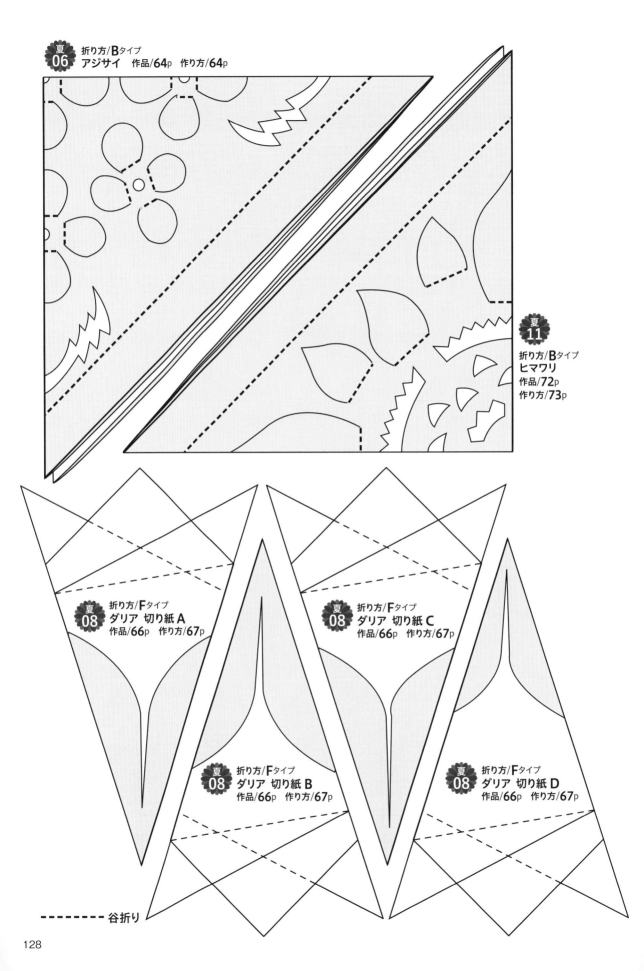

夏10 折り方/Cタイプ
オオキンケイギク 切り紙 外　作品/71p　作り方/73p

夏09 折り方/Eタイプ
テッポウユリ
作品/70p　作り方/73p

夏10 折り方/Cタイプ
オオキンケイギク 切り紙 内
作品/71p　作り方/73p

夏12 折り方/Fタイプ
ハス 切り紙 A
作品/74p
作り方/75p

夏12 折り方/Fタイプ
ハス 切り紙 C
作品/74p
作り方/75p

夏12 折り方/Fタイプ
ハス 切り紙 B
作品/74p
作り方/75p

夏12 折り方/Fタイプ
ハス 切り紙 D
作品/74p
作り方/75p

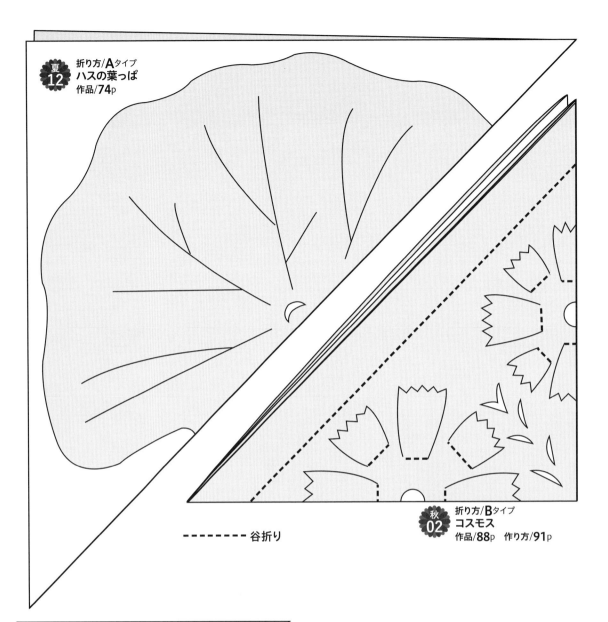

------- 谷折り

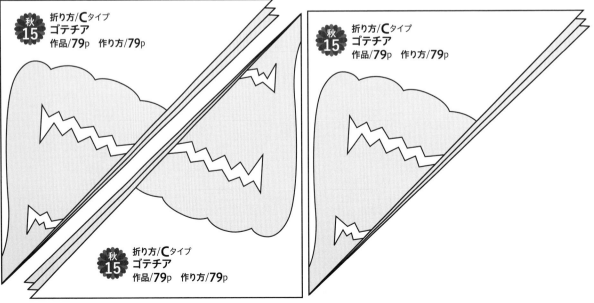

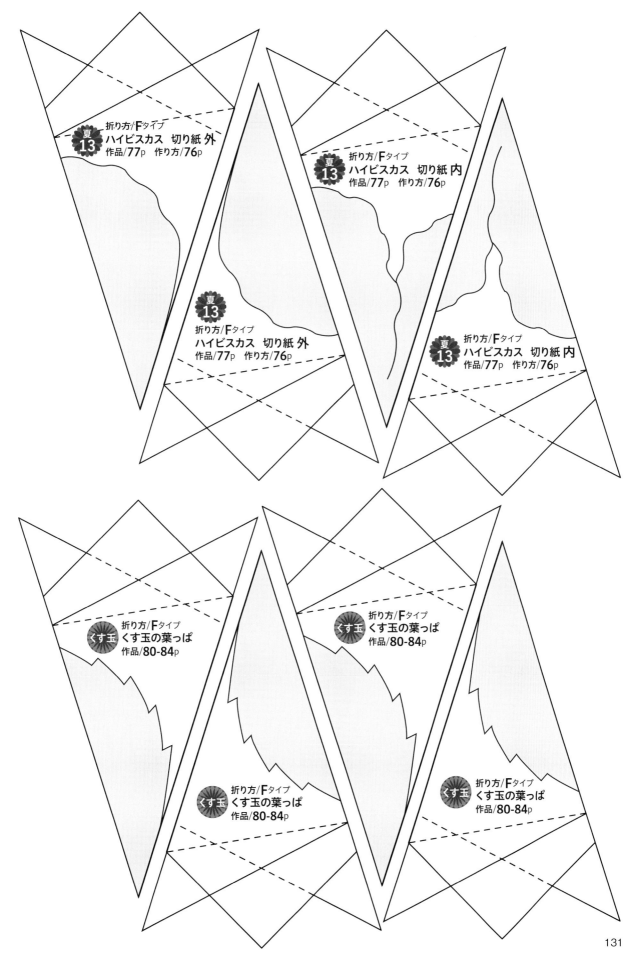

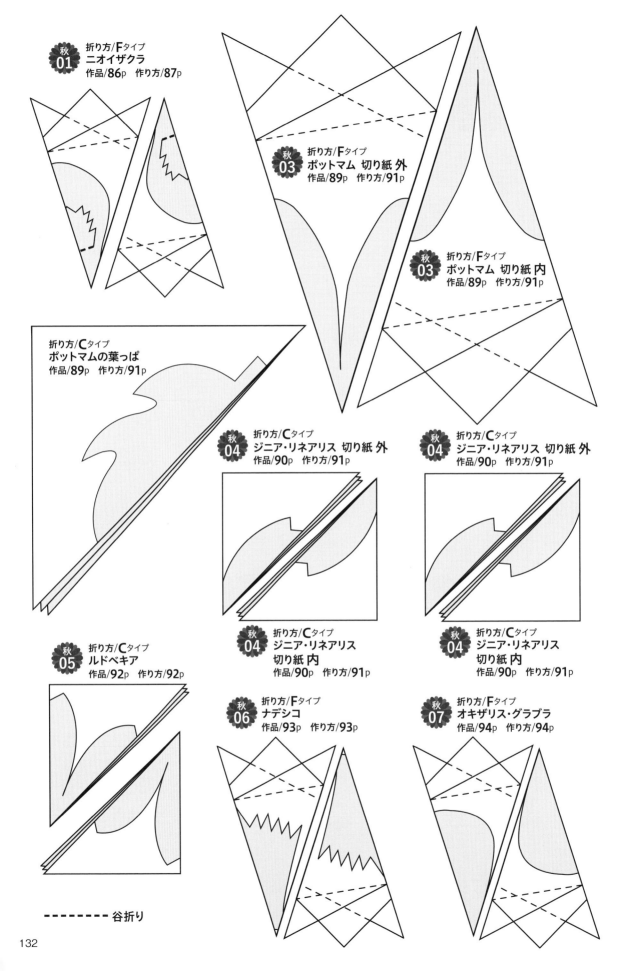

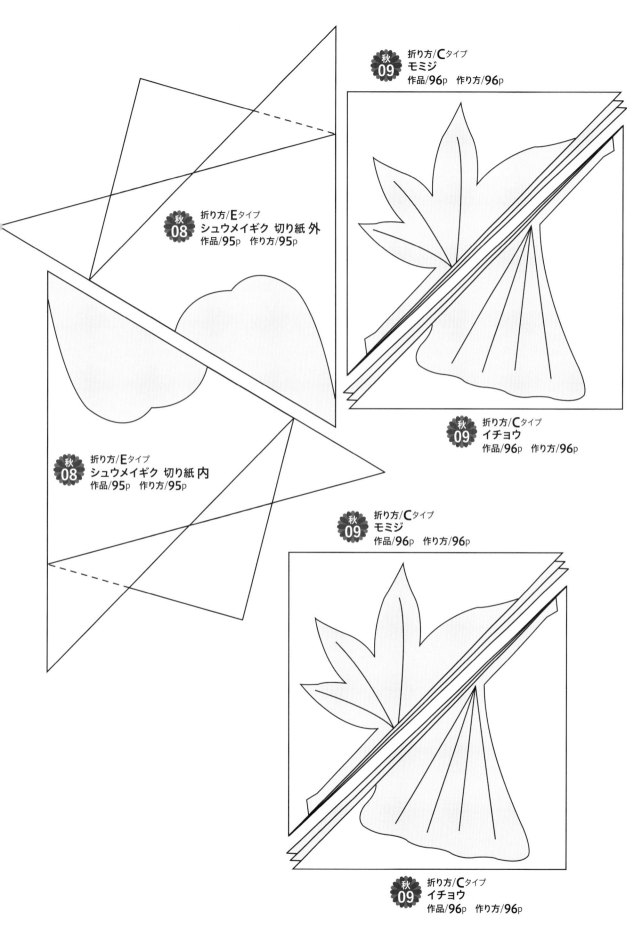

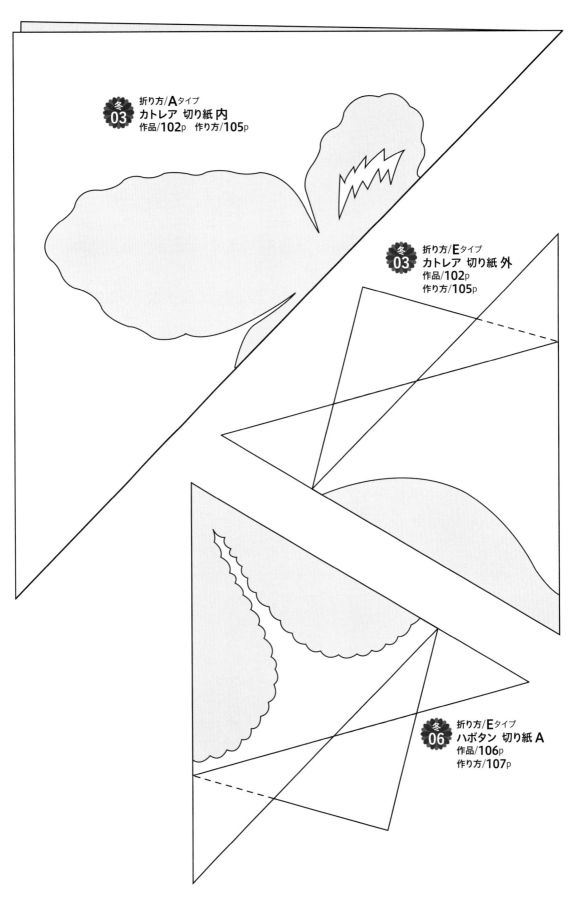

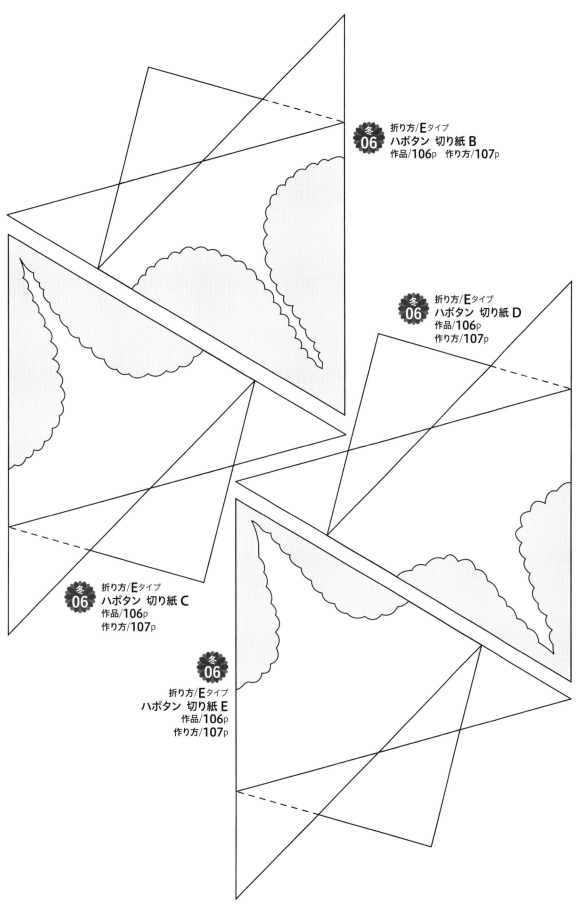

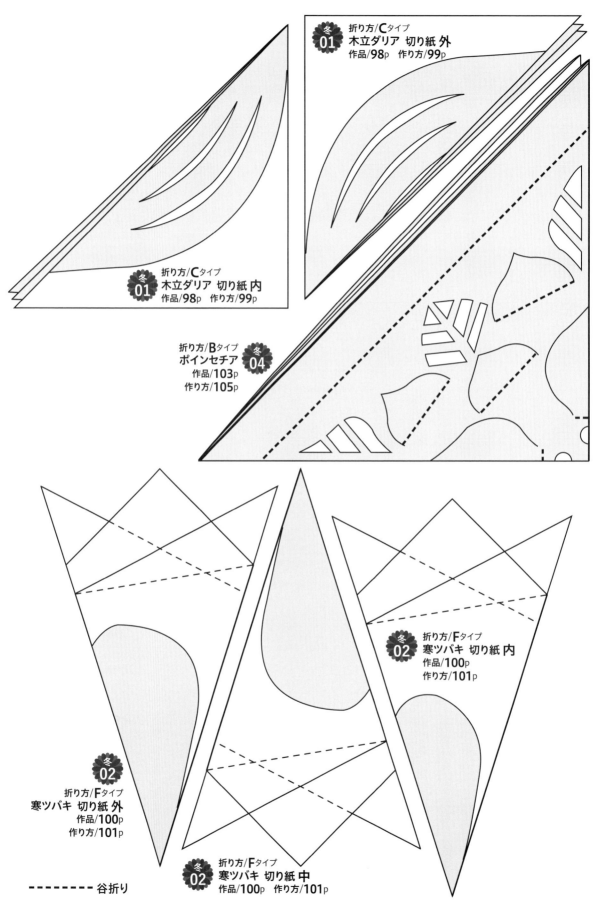

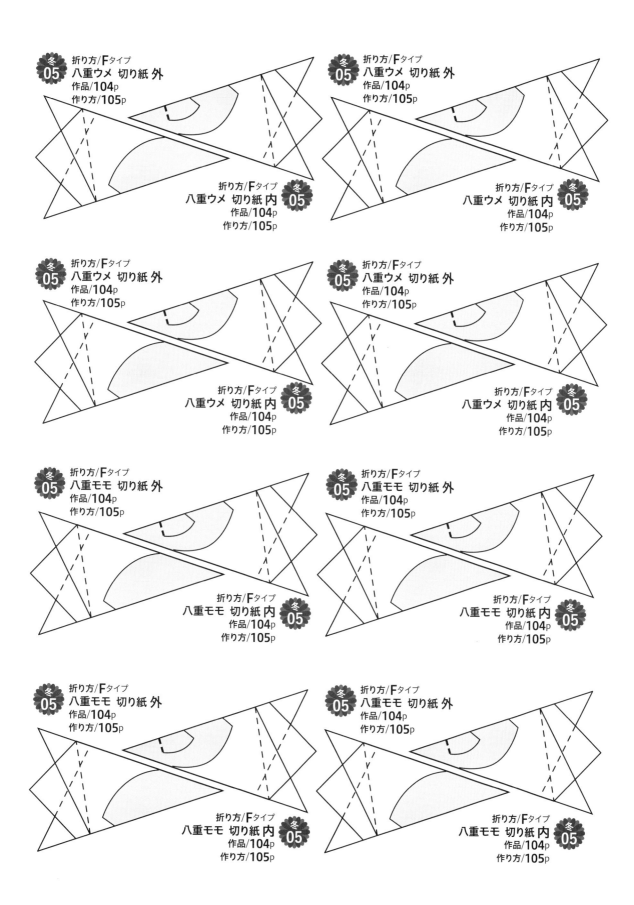

カーネーション
作品/108p　作り方/109p

------- 谷折り　—-—-— 山折り

サクラ
作品/108p　作り方/109p

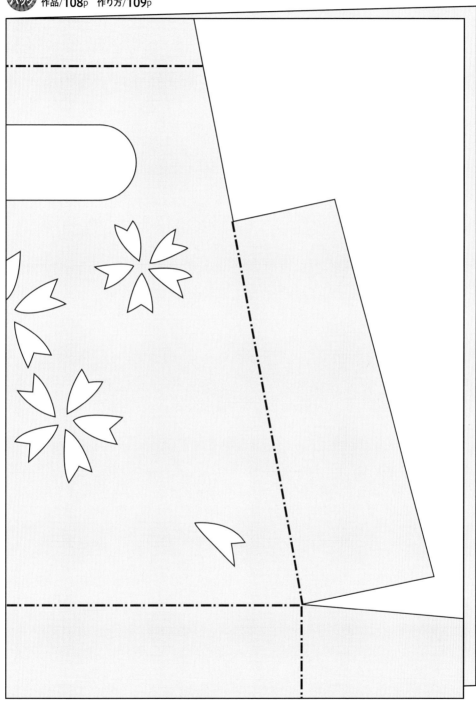

ミニバッグ テッポウユリ 作品110p 作り方/109p

------- 谷折り　—-—-— 山折り

 キキョウ 作品111p 作り方/109p

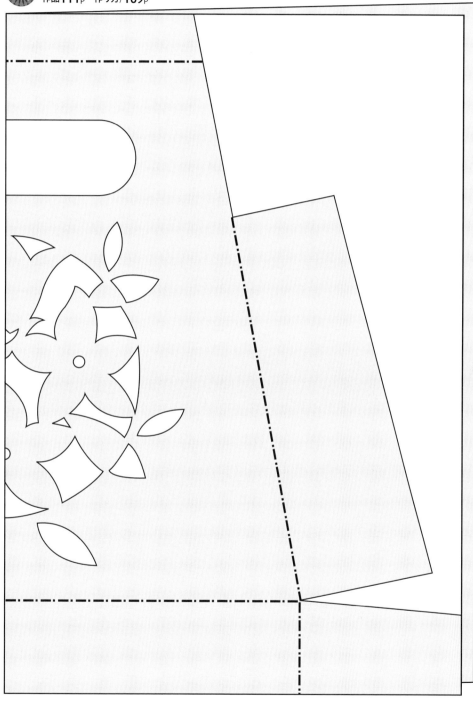

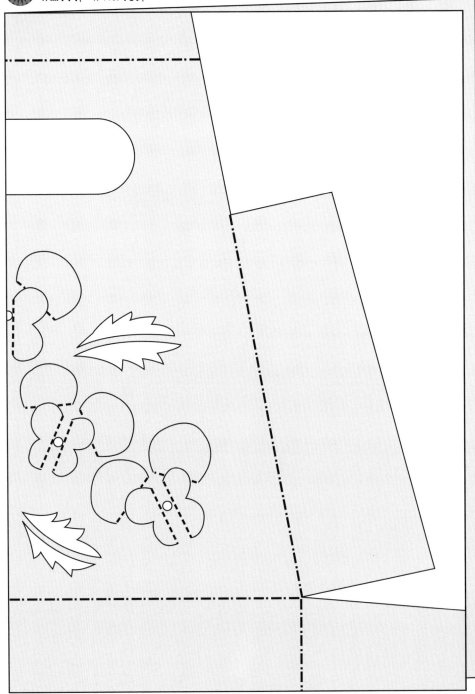

ミニバッグ ビオラ 作品111p 作り方/109p

------- 谷折り　—-—-— 山折り

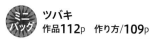
ツバキ 作品112p 作り方/109p

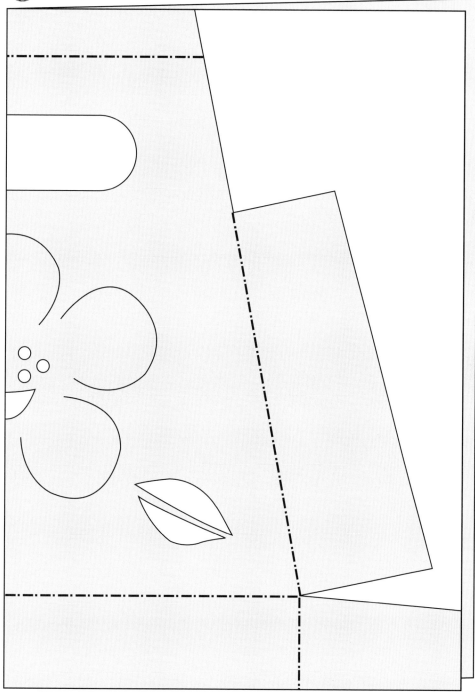

この本で手作りした花はすべて、ピートに贈りました。
17年あまり、切り紙をする、企画や原稿を考えるときに、
いつもそばにいて、大きな安心をくれました。
花とともに天を駆けて、これからも見守ってください。
世界一きれいな瞳としっぽの素敵な相棒に本書を捧げます。

参考書籍

『NEW WIDE 学研の図鑑／花』
株式会社 学習研究社

スタッフ紹介

企画・編集　オオハラ ヒデキ
撮影　　　　白石 圭司
　　　　　　後藤 鐵郎
撮影協力　　外池 茜　ピート
装丁デザイン　高木 知佳(T's)
本文デザイン　高木 知佳・溝手 真一郎(T's)

著者　大原 まゆみ

造形作家、グラフィックデザイナー。
書籍編集、デザインを手がけることと並行して、手づくりの作品を制作。切り紙をはじめとして、折り紙、ビーズ・アクセサリー、陶芸、フラワー・アレンジメントなど、暮らしの中での存在感をテーマにユニークな作品を数多く生み出している。
著書『完全マスター 切り紙レッスン』『立体切り紙レッスン』『花の模様切り紙』『干支の切り紙』『透かし切り紙』『透かし折り紙』『恐竜の切り紙』『福を招く おめでたい切り紙』『和のこよみ切り紙』『昆虫の切り紙』『花の立体切り紙』『切り紙でつくる 花の飾りもの』『贈る・飾る 花の切り紙12カ月』『切り紙で作る 花のくす玉』『切り紙でつくる 恐竜図鑑』(以上、誠文堂新光社)、『立体切り紙12か月』『立体切り紙 かわいい小物』『気持ちを贈る ギフト切り紙』(以上、日貿出版社)『きりがみずかん』(学習研究社)、『くらしを彩る 美しい切り紙』(永岡書店)、『そのまま作れる 切り紙練習帳』(成美堂出版)など多数。京都市在住。

祝う・贈る・彩る 簡単にできて美しいペーパーフラワー

切り紙でつくる 季節の花図鑑

NDC 754.9

2017年8月15日 発 行

著者　大原 まゆみ
発行者　小川 雄一
発行所　株式会社誠文堂新光社
〒113-0033　東京都文京区本郷3-3-11
(編集)電話03-5805-7285
(販売)電話03-5800-5780
http://www.seibundo-shinkosha.net/

印刷・製本　図書印刷株式会社

©2017,Mayumi Ohara.

Printed in Japan
検印省略
禁・無断転載

落丁・乱丁本はお取り替え致します。

本書のコピー、スキャン、デジタル化等の無断複製は著作権法上での例外を除き禁じられています。
本書を代行業者等の第三者に依頼してスキャンやデジタル化することは、たとえ個人や家庭内での利用であっても著作権法上認められません。

JCOPY〈(社)出版者著作権管理機構 委託出版物〉
本書を無断で複製複写(コピー)することは、著作権法上での例外を除き、禁じられています。
本書をコピーされる場合は、そのつど事前に、(社)出版者著作権管理機構
(電話 03-3513-6969／FAX 03-3513-6979／e-mail:info@jcopy.or.jp)の許諾を得てください。

ISBN978-4-416-61792-2